TAKE A BITE OF THE GOOD LIFE

VEGETARISCHE REZEPTE, DIE GLÜCKLICH MACHEN

TAKE A BITE OF THE GOOD LIFE

VEGETARISCHE REZEPTE, DIE GLÜCKLICH MACHEN

Guido Gravelius

MIT FOTOS
VON KAY JOHANNSEN

Edition
Fackelträger

EINLEITUNG

Vegetarisch, regional und saisonal – **Take a Bite of the Good Life** ist ein Kochbuch für alle, die gutes Essen und guten Geschmack lieben.

SEITE 6–11

ERDBEEREN AN WEIHNACHTEN?

Das muss nicht sein, denn mal ehrlich: Eine Schoko-Bratapfel-Torte passt auch viel besser zum Winter als Mandelcremetörtchen mit Erdbeeren. Und das Schöne ist doch, dass wir uns einfach unglaublich auf frisch geerntete, knackige Äpfel freuen, wenn wir uns zwischen Mai und Juli den Bauch ununterbrochen mit Erdbeeren vollgeschlagen haben. Oder wir die feine Schwarzwurzel auf einer knusprigen Tarte im Ofen haben, die uns fast den frischen Spargel vergessen lässt – oder zumindest die Zeit bis zum nächsten Frühjahr hervorragend überbrückt.

Regional und so automatisch saisonal zu essen bedeutet also nicht Verzicht, sondern eine spannende Reise zu den Gemüsen und Geschmäckern unserer Großeltern. Spargel, Kohlrabi, Tomaten, Kopfsalat, Kirschen und Himbeeren kommen nur im Sommer auf den Speiseplan, dafür haben Grünkohl, Feldsalat, Porree, Steckrüben und lagerfähige Äpfel im Winter Hochsaison. Und ab und an eine Orange zum Aromatisieren oder etwas Parmesan über unsere Pasta – das tut ehrlich gut, auch wenn die saftige Frucht nicht aus dem Bergischen kommt.

Vegetarisch, regional und saisonal – Take a Bite of the Good Life ist ein Kochbuch für alle, die gutes Essen und guten Geschmack lieben. Für die, die Erinnerungen an die Küche der Oma wieder wachrufen möchten und die gemeinsam mit ihren Freunden und ihren Kindern geerdet, bodenständig und trotzdem kreativ kochen und essen möchten. Eben ein Buch für alle, die Lust haben, ohne Dogmen und Verbote ihren Speiseplan zu erweitern und Neues auszuprobieren, wann immer es geht. Gutes Essen ist einfach so verdammt lecker!

Guten Appetit und viel Spaß dabei, ein kleines bisschen am guten Leben teilzuhaben.

Euer Guido Gravelius

SAISONKALENDER

	FRÜHLING			SOMMER			HERBST			WINTER		
	MÄRZ	APRIL	MAI	JUNI	JULI	AUG.	SEPT.	OKT.	NOV.	DEZ.	JAN.	FEB.
Obst												
Apfel	●						●	●	●	●	●	●
Aprikose (Marille)				●	●	●						
Birne						●	●	●	●	●	●	
Blaubeere					●	●						
Brombeere					●	●	●					
Erdbeere			●	●	●	●						
Himbeere				●	●	●	●					
Johannisbeere				●	●	●						
Granatapfel							●	●	●	●	●	●
Grapefruit	●	●	●				●	●	●	●	●	●
Kirsche				●	●	●						
Holunderblüte			●	●								
Holunderbeere					●							
Mirabelle					●	●						
Orange	●	●						●	●	●	●	●
Pfirsich					●	●	●					
Pflaume (Zwetschge)					●	●	●					
Preiselbeere					●	●	●					
Rhabarber		●	●	●								
Stachelbeere				●	●	●						
Zitrone		●	●	●	●	●	●	●	●	●	●	●

Kräuter und Nüsse	MÄRZ	APRIL	MAI	JUNI	JULI	AUG.	SEPT.	OKT.	NOV.	DEZ.	JAN.	FEB.
Basilikum				●	●	●	●					
Borretsch				●	●	●						
Brunnenkresse		●	●	●	●	●	●	●				
Haselnuss							●	●	●	●		
Kerbel		●	●	●	●	●	●	●				
Kresse		●	●	●	●	●	●	●				
Majoran				●	●	●	●	●				
Minze		●	●	●	●	●	●	●				
Petersilie		●	●	●	●	●	●	●				
Pimpinelle		●	●	●	●	●	●	●				
Rosmarin	●	●	●	●	●	●	●	●	●	●	●	●
Sauerampfer		●	●									
Schnittlauch		●	●	●	●	●	●	●				
Thymian	●	●	●	●	●	●	●	●	●	●	●	●
Waldmeister		●	●	●								
Walnusskern	●	●						●	●	●	●	●

	FRÜHLING			SOMMER			HERBST			WINTER		
	MÄRZ	APRIL	MAI	JUNI	JULI	AUG.	SEPT.	OKT.	NOV.	DEZ.	JAN.	FEB.
Gemüse												
Blumenkohl	●	●	●	●	●	●	●	●	●	●	●	●
Bohne, getrocknet	●	●	●	●	●	●	●	●	●	●	●	●
Buschbohne			●	●	●	●	●	●				
Stangenbohne					●	●	●	●				
Brokkoli				●	●	●	●	●	●			
Champignon	●	●	●	●	●	●	●	●	●	●	●	●
Erbse				●	●	●	●					
Fenchel				●	●	●	●	●				
Feldsalat	●							●	●	●	●	●
Frühlingszwiebel		●	●	●	●	●	●	●	●			
Gemüsezwiebel				●	●	●	●	●				
Grünkohl									●	●	●	
Hokkaido						●	●	●	●			
Junge Möhre		●	●	●	●	●	●	●	●			
Karotte			●	●	●	●	●	●	●	●		
Kartoffeln			●	●	●	●	●	●				
Kirschtomate				●	●	●	●	●				
Knollensellerie							●	●	●			
Kohlrabi			●	●	●	●	●	●				
Kürbis						●	●	●				
Paprika					●	●	●	●				
Pastinake							●	●	●	●		
Petersilienwurzel	●	●						●	●	●	●	●
Pfifferling				●	●	●	●	●	●			
Pflücksalat			●	●	●	●	●					
Porree				●	●	●	●	●	●	●	●	●
Radieschen		●	●	●	●	●	●	●	●			
Rosenkohl								●	●	●	●	
Rotkohl				●	●	●	●	●	●	●	●	●
Rucola			●	●	●	●	●	●				
Schalotte				●	●	●	●	●				
Schwarzwurzel	●	●						●	●	●	●	●
Sellerie				●	●	●	●	●	●			
Spargel		●	●	●								
Spinat	●	●	●	●	●	●	●	●	●			
Spitzkohl	●	●	●	●	●	●						
Staudensellerie						●	●	●				
Steinpilz			●	●	●	●						
Tomate				●	●	●	●	●				
Wirsing			●	●	●	●	●	●	●	●		
Zucchini				●	●	●	●	●				
Zwiebel				●	●	●	●	●				

FRÜHLING

Frischer Spargel, zarte Möhrchen, die ersten Erdbeeren – im Frühling sehnen wir uns nach farbenfrohen Lebensmitteln, die frisch geerntet auf unseren Tellern landen.

SEITE 12–63

FRÜHLINGSSALAT MIT SPARGEL IN HOLUNDERBLÜTENDRESSING

FÜR 4 PERSONEN

1 kg Spargel
1 Zitronenscheibe (unbehandelt)
300 g bunter Pflücksalat
2 EL Weißweinessig
1 EL Holunderblütensirup
75 ml Sonnenblumenöl
60 g Sahne
2 EL fein geschnittener Schnittlauch
Zucker, Salz, frisch gemahlener Pfeffer

ZUBEREITUNGSZEIT

ca. 30 Minuten

1_ Den Spargel schälen und die holzigen Enden entfernen. In einem großen Topf reichlich Salzwasser mit 1 TL Zucker und der Zitronenscheibe zum Kochen bringen. Die Hitze reduzieren und den Spargel bissfest garen. Anschließend aus dem Wasser nehmen und in einem Sieb abtropfen lassen. Den Salat waschen und schleudern oder gut abtropfen lassen. Essig, Holunderblütensirup, Öl und Sahne zu einem Dressing verrühren und mit Salz, Pfeffer und Zucker abschmecken. Spargel und Salat mit dem Dressing marinieren und auf Tellern anrichten. Mit dem Schnittlauch bestreuen.

GEBRATENER SPARGEL MIT SPINATSALAT UND RHABARBERCHUTNEY

FÜR 4 PERSONEN

1 mittelgroße rote Zwiebel
1 rote Chilischote
600 g Rhabarber
6 EL Olivenöl
1 EL Senfkörner
100 g Honig
80 ml Himbeeressig
1 kg Spargel
100 g junge Spinatblätter
1 EL Zitronensaft
Zucker, Salz, frisch gemahlener Pfeffer

ZUBEREITUNGSZEIT

ca. 50 Minuten

FRÜHLING

SALAT

1_ Die Zwiebel schälen und sehr fein würfeln. Die Chilischote der Länge nach halbieren und den Stiel sowie die Kerne entfernen. Die Chilihälften in feine Streifen schneiden.

2_ Den Rhabarber putzen, die Stangen der Länge nach halbieren und in kleine Würfel schneiden. 3 EL Olivenöl in einem Topf erhitzen, Zwiebel, Chili und Senfkörner darin andünsten. Den Rhabarber zugeben und ebenfalls kurz andünsten. Den Honig zugeben und aufkochen. Sofort mit dem Himbeeressig ablöschen. Bei geringer Hitze etwa 20 Minuten köcheln lassen. Mit Salz und Pfeffer würzen und abkühlen lassen.

3_ In der Zwischenzeit den Spinat putzen, waschen und trocken schleudern. Den Spargel schälen und die holzigen Enden entfernen. 2 EL Olivenöl in einer großen Pfanne erhitzen. Den Spargel portionsweise darin anbraten. Aus der Pfanne nehmen und in einen Topf geben. Mit Wasser bedecken und etwas Salz und 1 Prise Zucker zugeben. Aufkochen und zugedeckt etwa 10 Minuten bei mittlerer Hitzezufuhr köcheln lassen. 4 EL vom Kochfond abschöpfen und beiseitestellen, den Spargel in ein Sieb geben und kurz abtropfen lassen. Aus dem Kochfond, dem restlichen Olivenöl und dem Zitronensaft ein Dressing rühren. Mit Salz, Pfeffer und etwas Zucker abschmecken. Den Spinat mit dem Dressing marinieren und mit dem Spargel auf Tellern anrichten. Das Chutney in ein Schälchen füllen und dazureichen.

SPITZKOHLSALAT MIT RADIESCHEN UND BRUNNENKRESSE

FÜR 4 PERSONEN

600 g Spitzkohl
1 Bund Radieschen
1 Bund Brunnenkresse
2 EL Apfelessig
4 EL Apfelsaft
3 EL Öl
2 EL fein geschnittener Schnittlauch
2 EL Sonnenblumenkerne
2 Scheiben Bauernbrot
1 EL Butter
Zucker, Salz, frisch gemahlener Pfeffer

ZUBEREITUNGSZEIT

ca. 20 Minuten

FRÜHLING
W
H
S
SALAT

1_ Die äußeren Blätter des Spitzkohls entfernen. Den Spitzkohlkopf der Länge nach halbieren und den harten Strunk herausschneiden. Die Hälften in feine Streifen schneiden und in eine Schüssel geben. Die Radieschen putzen und in feine Scheiben schneiden. Die Brunnenkresse putzen und die harten Stiele entfernen.

2_ Radieschen und Brunnenkresse zum Spitzkohl geben.

3_ Apfelessig, Apfelsaft und Öl zu einem Dressing verrühren und mit etwas Zucker, Salz und Pfeffer abschmecken. Den Spitzkohlsalat mit dem Dressing marinieren. Die Sonnenblumenkerne in einer Pfanne ohne Fett goldbraun anrösten, kurz abkühlen lassen und mit dem Schnittlauch unter den Salat mengen.

4_ Das Bauernbrot in Würfel schneiden. Die Butter in einer Pfanne zerlassen und die Brotwürfel darin anbraten. Mit etwas Salz würzen. Den Salat auf Tellern oder in Schalen anrichten und mit den Brotwürfeln bestreuen.

RAUKESALAT MIT TOMATE, GRAPEFRUIT UND FRISCHKÄSE-KRÄUTER-NOCKEN

FÜR 4 PERSONEN

200 g Frischkäse
100 g Magerquark
2 EL Blütenhonig
1 TL Zitronensaft
1 EL fein gehackter Kerbel
1 EL fein gehackte Petersilie
1 EL fein geschnittener Schnittlauch
1 EL fein geschnittene Sauerampfer
2 EL Gartenkresse
1 Schalotte
1 Knoblauchzehe
5 EL Olivenöl
2 rosa Grapefruit
3 Fleischtomaten
150 g junge Rauke
1 EL grobkörniger Senf
2 EL Weißweinessig
4 EL klare Gemüsebrühe
Salz, frisch gemahlener Pfeffer
einige essbare Blüten zum Garnieren

ZUBEREITUNGSZEIT

ca. 40 Minuten

ABKÜHLZEIT

20 Minuten

1_ Frischkäse und Magerquark in eine Schüssel geben und mit 1 EL Blütenhonig, dem Zitronensaft, den Kräutern und der Gartenkresse vermengen. Die Schalotte und die Knoblauchzehe schälen. Die Schalotte fein würfeln und den Knoblauch sehr fein hacken.

2_ In einer Pfanne 1 EL Olivenöl erhitzen. Die Schalottenwürfel und den gehackten Knoblauch darin andünsten. Abkühlen lassen und unter die Frischkäsemasse mengen. Mit Salz und Pfeffer abschmecken. Für etwa 20 Minuten in den Kühlschrank stellen.

3_ Die Schale der Grapefruit mit einem Messer herunterschneiden, dabei auch die weiße Haut entfernen. Die Grapefruits längs halbieren und in die dünne Scheiben schneiden. Die Fleischtomaten in dünne Scheiben schneiden und mit den Grapefruitscheiben auf Tellern verteilen. Die Rauke putzen, von den festen Stielen befreien. Aus Senf, dem restlichen Honig, Weißweinessig, Gemüsebrühe und dem restlichen Olivenöl ein Dressing rühren und den Raukesalat damit marinieren. Die Rauke auf dem Tomaten-Grapefruit-Salat anrichten. Die Frischkäsemasse aus dem Kühlschrank nehmen und mit Hilfe zweier Löffel Nocken abstechen und diese auf den Salaten verteilen. Mit Blüten garniert servieren.

Guten
Appetit
Guten
Appetit

FRÜHLINGSNUDELSALAT MIT ERBSENPESTO

FÜR 4 PERSONEN

400 g kleine kurze Nudeln (z. B. Farfalle)
1 rote Zwiebel
3 EL Olivenöl
200 g TK-Erbsen
½ Bund Basilikum
3 Blätter Sauerampfer
100 ml Weißwein
1 EL Zitronensaft
2 EL fein geriebener Parmesan
1 Bund grüner Spargel
3 Frühlingszwiebeln
Salz, frisch gemahlener Pfeffer

ZUBEREITUNGSZEIT

ca. 40 Minuten

1_ Die Nudeln nach Packungsangabe bissfest garen, durch ein Sieb abgießen und abtropfen lassen. Die Zwiebel schälen, halbieren und fein würfeln. In einer Pfanne 1 EL Olivenöl erhitzen und die Zwiebelwürfel darin glasig andünsten.

2_ Die Erbsen zugeben und etwa 2 Minuten mit andünsten. Die Hälfte der Erbsen in ein hohes Gefäß füllen, die restlichen in eine große Salatschüssel geben. Das Basilikum von den Stängeln zupfen, die Sauerampfer fein schneiden. Den Weißwein, das restliche Olivenöl, den Zitronensaft, Basilikum, Sauerampfer und Parmesan in den Becher zu den Erbsen geben und mit dem Mixstab fein pürieren. Mit Salz und Pfeffer würzen.

3_ Den Spargel von den holzigen unteren Enden befreien und schräg in etwa 3 cm lange Stücke schneiden. In kochendem Salzwasser bissfest garen und durch ein Sieb abgießen. Mit kaltem Wasser abschrecken und abtropfen lassen. Die Frühlingszwiebeln putzen und in feine Ringe schneiden.

4_ Nudeln, Spargel und Frühlingszwiebeln zu den Erbsen in die Salatschüssel geben. Das Erbsenpesto darübergeben und alles gut miteinander vermengen.

SPARGEL IN WARMER ZWIEBEL-KRÄUTER-VINAIGRETTE

FÜR 4 PERSONEN

2 Eier (Größe M)
1 ½ kg Spargel
2 Zitronenscheiben (unbehandelt)
1 mittelgroße rote Zwiebel
4 EL Olivenöl
2 EL frisch gepresster Zitronensaft
2 EL fein gehackte glatte Petersilie
2 EL fein geschnittener Schnittlauch
2 EL fein gehackter Kerbel
Zucker, Salz, frisch gemahlener Pfeffer

ZUBEREITUNGSZEIT

ca. 40 Minuten

1_ Die Eier in kochendes Wasser geben und etwa 8 Minuten kochen. Mit kaltem Wasser abschrecken, abkühlen lassen und pellen.

2_ Den Spargel schälen und die holzigen Enden entfernen. Den Spargel in kochendem Salzwasser mit etwas Zucker und den Zitronenscheiben etwa 8 Minuten bissfest garen. Vom Kochfond 5 EL abschöpfen und beiseitestellen. Den Spargel in ein Sieb abgießen und abtropfen lassen. Die gekochten Eier fein hacken. Die Zwiebel schälen und in feine Würfel schneiden. 1 EL Olivenöl in einer Pfanne erhitzen und die Zwiebelwürfel darin andünsten. Den Spargel in einer Schale anrichten.

3_ Aus dem Spargelfond, Zitronensaft, dem restlichen Olivenöl und den Kräutern eine Vinaigrette rühren. Mit etwas Zucker, Salz und Pfeffer abschmecken und die Zwiebelwürfel zugeben. Die Zwiebel-Kräuter-Vinaigrette über den Spargel geben. Mit dem gehackten Ei bestreuen und servieren.

GEBRATENE JUNGE MÖHREN MIT FRÜHLINGSQUARK

FÜR 4 PERSONEN

2 Bund kleine junge Möhren
Saft von 2 Orangen
2 EL Öl
1 EL Honig
500 ml klare Gemüsebrühe
500 g Quark (20 % Fett)
1 Frühlingszwiebel
1 Bund Schnittlauch
1 Bund glatte Petersilie
8 Radieschen
Zucker, Salz, frisch gemahlener Pfeffer

ZUBEREITUNGSZEIT

ca. 25 Minuten

1_ Die Möhren putzen und je nach Dicke ganz lassen oder der Länge nach halbieren. Das Öl in einer Pfanne erhitzen und die Möhren darin anbraten. Die klare Gemüsebrühe mit dem Honig und dem Orangensaft in einen Topf geben und aufkochen. Die Möhren hineingeben und zugedeckt bei mittlerer Hitzezufuhr etwa 10 Minuten köcheln lassen.

2_ In der Zwischenzeit den Quark in eine Schüssel geben und cremig verrühren. Die Frühlingszwiebel putzen und in feine Ringe schneiden. Den Schnittlauch in feine Röllchen schneiden. Die Petersilienblätter von den Stielen zupfen und fein hacken. Die Radieschen putzen und sehr fein würfeln. Frühlingszwiebel, Kräuter und Radieschenwürfel zum Quark geben und verrühren. Mit etwas Salz, Pfeffer und 1 Prise Zucker abschmecken.

3_ Die Karotten mit dem Honig-Orangen-Sud auf Tellern anrichten und mit dem Frühlingsquark servieren.

BRUNNENKRESSESUPPE MIT GERÖSTETEN KARTOFFELN

FÜR 4 PERSONEN

1 kg Brunnenkresse
2 Schalotten
300 g festkochende Kartoffeln
2 EL Butter
1200 ml klare Gemüsebrühe
150 ml Weißwein
100 g Sahne
100 ml Schmand
½ EL Zitronensaft
1 TL Zitronenabrieb (unbehandelt)
4 EL Öl
Salz, frisch gemahlener Pfeffer

ZUBEREITUNGSZEIT

ca. 50 Minuten

1_ Die Brunnenkresse von den festen Stielen befreien. Einige Blättchen zum Garnieren zurückbehalten und die übrigen grob hacken.

2_ Schalotten und Kartoffeln schälen. Die Schalotten in feine Streifen schneiden. Die Kartoffeln in etwa 1 cm große Würfel schneiden. Die Hälfte der Kartoffeln in kochendem Salzwasser bissfest garen und in ein Sieb abgießen.

3_ In der Zwischenzeit die Butter in einem großen Topf erhitzen und die Schalottenstreifen sowie die übrigen Kartoffelwürfel darin andünsten. Die Brunnenkresse zugeben und ebenfalls andünsten, bis sie zusammenfällt. Mit dem Weißwein ablöschen, die Gemüsebrühe angießen und aufkochen. Die Hitzezufuhr reduzieren und sanft köcheln lassen, bis die Kartoffelwürfel weich sind. Mit dem Stabmixer fein pürieren.

4_ Sahne und Schmand einrühren und nochmals 5 Minuten leicht köcheln lassen. Mit Zitronensaft, -abrieb, Salz und Pfeffer abschmecken.

5_ Das Öl in einer Pfanne erhitzen und die gekochten Kartoffelwürfel darin knusprig anrösten. Aus der Pfanne nehmen und auf einem Stück Küchenpapier abtropfen lassen. Mit etwas Salz würzen.

6_ Die Suppe in tiefen Tellern anrichten und mit den Kartoffelwürfeln bestreuen.

7_ Mit den übrigen Kresseblättchen garnieren.

KOHLRABIS MIT CHAMPIGNONRISOTTO GEFÜLLT

FÜR 4 PERSONEN

8 kleine Kohlrabis
200 g kleine weiße Champignons
2 kleine Zwiebeln
250 g Risottoreis (z. B. Arborio)
1200 ml klare Gemüsebrühe
2 EL Olivenöl
1 EL Butter
80 g Parmesan
1 EL fein geschnittener Kerbel

ZUBEREITUNGSZEIT

ca. 60 Minuten

FRÜHLING
JUNG & KNACKIG

1_ Die Kohlrabis schälen und eine 2 cm dicke Kappe abschneiden. Die Kohlrabis mit einem Löffel aushöhlen. Das Innere fein hacken. Die ausgehölten Kohlrabis bis zur weiteren Verwendung zur Seite stellen.

2_ Die Champignons putzen und vierteln. Die Zwiebeln schälen und fein würfeln. Die Gemüsebrühe aufkochen und warm halten. Das Olivenöl und die Butter in einem Topf erhitzen, die Zwiebeln und die gehackten Kohlrabis darin glasig andünsten. Den Reis zugeben und ebenfalls glasig andünsten. 500 ml Gemüsebrühe zugeben und das Risotto unter regelmäßigem Rühren 10 Minuten garen, die Champignons zugeben und weitere 5 Minuten garen.

3_ Den Backofen auf 160 °C vorheizen. Den Parmesan reiben und unter das Risotto rühren. Die ausgehöhlten Kohlrabis mit dem Champignonrisotto füllen. Die Kappen wieder daraufsetzen. Die restliche Brühe in eine ofenfeste Form füllen und die Kohlrabis hineinsetzen. Die Form mit Alufolie verschließen. Für etwa 30 Minuten in den Ofen geben und garen. Die Kohlrabis auf Tellern anrichten und mit dem Kerbel bestreuen.

GRÜNE SAUCE MIT PELLKARTOFFELN UND POCHIERTEM EI

FÜR 4 PERSONEN

10 Eier (Größe M)
2 Bund Grüne-Sauce-Kräuter (Petersilie, Borretsch, Kresse, Sauerampfer, Kerbel, Pimpinelle, Schnittlauch)
400 g Naturjoghurt (3,5 % Fett)
400 g saure Sahne (10 % Fett)
1 ½ EL milder Senf
100 ml Öl
Saft von 1 Zitrone
2 EL Weißweinessig
1 kg festkochende Kartoffeln
Salz, frisch gemahlener Pfeffer

ZUBEREITUNGSZEIT

ca. 50 Minuten

1_ Sechs Eier hart kochen. Mit kaltem Wasser abschrecken und pellen. In der Zwischenzeit die Kräuter verlesen und von den festen groben Stielen befreien. Die Kräuter mit einem großen Küchenmesser sehr fein hacken und in eine Schüssel geben. Den Joghurt und die saure Sahne zugeben und mit den Kräutern verrühren.

2_ Das Eiweiß der hartgekochten Eier vom Eigelb trennen. Das Eiweiß sehr fein hacken und unter die Kräutermasse mengen. Das Eigelb mit dem Senf und dem Öl in ein hohes Gefäß geben und mit dem Stabmixer zu einer cremigen Mayonnaise rühren. Die Mayonnaise unter die Grüne Sauce rühren und mit dem Zitronensaft, Salz und Pfeffer abschmecken. Die Kartoffeln in kochendem Salzwasser garen.

3_ Zum Pochieren der restlichen Eier den Weißweinessig in einem großen Topf mit reichlich Wasser aufkochen. Die übrigen Eier einzeln aufschlagen und in jeweils eine Tasse geben. Aus den Tassen die Eier vorsichtig in das Wasser gleiten lassen. Besonders gut geht das, wenn man das Wasser vorher mit einem Schneebesen kräftig rührt, sodass ein Strudel entsteht. Die Eier etwa 1 Minute bei geringer Hitzezufuhr köcheln lassen. Den Topf vom Herd nehmen und die Eier etwa 4 Minuten ziehen lassen. Die Grüne Sauce auf Tellern mit den Pellkartoffeln anrichten. Die pochierten Eier nacheinander mit einer Lochkelle aus dem Wasser nehmen, abtropfen lassen und auf den Tellern anrichten.

PFANNKUCHEN MIT PFIFFERLINGEN UND SPARGEL

FÜR 4 PERSONEN

100 g Weizenmehl (Type 405)
2 Eier (Größe M)
250 ml Milch
2 EL Butter
800 g Spargel
200 g Pfifferlinge
100 g Sahne
2 EL fein geschnittener Schnittlauch
2 EL Öl
100 g Bergkäse
frisch gepresster Zitronensaft
Salz, frisch gemahlener Pfeffer

ZUBEREITUNGSZEIT

ca. 60 Minuten

1_ Das Mehl in eine Schüssel geben und mit 1 guten Prise Salz vermengen. Die Eier zugeben und mit der Milch zu einem glatten Teig verrühren. 1 EL Butter zerlassen und unter den Teig rühren.

2_ Den Spargel schälen und die holzigen Enden entfernen. Den Spargel in kochendem Salzwasser mit 1 Prise Zucker bissfest garen. In ein Sieb abgießen und abtropfen lassen. Die Pfifferlinge putzen. Die restliche Butter in einer Pfanne zerlassen und die Pfifferlinge darin anbraten. Mit Salz, Pfeffer und etwas Zitronensaft abschmecken. Die Sahne zugießen, den Schnittlauch untermengen und etwa 3 Minuten bei mittlerer Hitzezufuhr köcheln lassen. Vom Herd nehmen und beiseitestellen.

3_ Den Backofen auf 180 °C vorheizen. Das Öl in einer weiteren Pfanne erhitzen und darin nacheinander vier Pfannkuchen goldgelb ausbacken. Die Pfannkuchen mit dem Spargel und den Pfifferlingen füllen, in eine ofenfeste Form geben, den Bergkäse reiben und darüberstreuen. Die Pfannkuchen im vorgeheizten Ofen etwa 6 Minuten gratinieren. Aus dem Ofen nehmen und servieren.

FLADENBROT MIT GRÜNEM SPARGEL

FÜR 4 PERSONEN

450 g Weizenmehl (Type 550)
zzgl. etwas zum Bestäuben
1 Päckchen Trockenhefe
5 EL Olivenöl
1 rote Zwiebel
300 g grüner Spargel
6 Kirschtomaten
100 g Schafskäse
200 g Schmand
1 Bund Basilikum
Salz, frisch gemahlener Pfeffer

ZUBEREITUNGSZEIT

ca. 80 Minuten

GEHZEIT

2 ½ Stunden

FRÜHLING
JUNG & KNACKIG

1_ Das Mehl mit der Trockenhefe und 1 Prise Salz in eine große Schüssel geben und gut miteinander vermengen. 250 ml Wasser und 3 EL Olivenöl zugeben und alles zu einem glatten Teig verkneten. Die Schüssel mit einem Küchentuch abdecken und den Teig an einem warmen Ort auf das Doppelte seines Volumens aufgehen lassen.

2_ In der Zwischenzeit die Zwiebel schälen und in feine Ringe schneiden. Die Spargelenden abschneiden und den Spargel mit dem Sparschäler in dünne Scheiben schneiden. Die Kirschtomaten halbieren. Den Schafskäse fein zerbröseln.

3_ Den Backofen auf 220 °C vorheizen. Den Teig nochmals durchkneten, in zwei Teile teilen und zu Kugeln formen. Auf einer bemehlten Arbeitsfläche jeweils etwa 1 ½ cm dick ausrollen, sodass zwei ovale Fladen entstehen. Ein Backblech mit Backpapier auslegen und die beiden Teigfladen darauflegen. Nochmals mit einem Küchentuch abgedeckt 20 Minuten gehen lassen.

4_ Den Fladen mit dem Schmand bestreichen und mit Salz und Pfeffer würzen. Zwiebeln, Spargel und Kirschtomaten auf dem Schmand verteilen und mit den Schafskäsebröseln bestreuen. Im vorgeheizten Ofen etwa 20 Minuten backen. Das Basilikum von den Stängeln zupfen und auf dem Fladenbrot verteilen. Mit dem restlichen Öl beträufeln, in Stücke schneiden und sofort servieren.

OFENKARTOFFELN MIT RAHM-BLATTSPINAT UND BLAUSCHIMMELKÄSE

FÜR 4 PERSONEN

4 mehligkochende Kartoffeln (à 300 g)
800 g frischer Blattspinat
1 mittelgroße Zwiebel
1 EL Butter
100 g Sahne
200 g Blauschimmelkäse
Salz, frisch gemahlener Pfeffer

ZUBEREITUNGSZEIT

ca. 60 Minuten

1_ Die Kartoffeln in kochendes Salzwasser geben und 15 Minuten vorgaren. Aus dem Wasser nehmen, abtropfen lassen und jede Kartoffel in ein Stück Alufolie wickeln. Den Backofen auf 200 °C vorheizen und die Kartoffel darin etwa 40 Minuten garen.

2_ In der Zwischenzeit den Spinat putzen und waschen. Die Zwiebel schälen, halbieren und in kleine Würfel schneiden.

3_ Die Butter in einem großen Topf zerlassen und die Zwiebelwürfel darin andünsten. Den Spinat dazugeben und unter Rühren dünsten, bis alle Blätter zusammengefallen sind. Die Sahne zugießen, aufkochen und cremig einkochen. Den Blauschimmelkäse in kleine Stückchen brechen. Die Hälfte des Käses zum Spinat geben, unterrühren und schmelzen. Mit etwas Salz und frisch gemahlenem Pfeffer würzen.

4_ Die Kartoffeln aus dem Ofen nehmen und aus der Folie wickeln. Die Oberseite kreuzförmig einschneiden und die Kartoffeln etwas auseinanderdrücken.

5_ Den Spinat mit den Kartoffeln auf Tellern anrichten. Den restlichen Käse auf den Kartoffeln verteilen.

GRÜNKERNRISOTTO MIT SAUERAMPFER

FÜR 4 PERSONEN

1 mittelgroße Zwiebel
1 Knoblauchzehe
100 g Karotte
100 g Porree
100 g Petersilienwurzel
200 g Grünkern
3 EL kalte Butter
600 ml klare Gemüsebrühe
1 Bund Sauerampfer
130 g Parmesan
Salz, frisch gemahlener Pfeffer

ZUBEREITUNGSZEIT

ca. 80 Minuten

FRÜHLING
SATTMACHER

1_ Die Zwiebel schälen, halbieren und fein würfeln. Den Knoblauch schälen und fein hacken. Die Karotte und die Petersilienwurzel schälen und in feine Würfel schneiden. Den Porree der Länge nach halbieren, gründlich waschen und in feine Streifen schneiden. In einem großen Topf 1 EL Butter zerlassen, Zwiebel und Knoblauch darin glasig andünsten. Den Grünkern zugeben und die Gemüsebrühe angießen. Aufkochen, die Hitzezufuhr reduzieren und zugedeckt etwa 1 Stunde sanft köcheln lassen, bis der Grünkern weich ist. Nach 50 Minuten das fein geschnittene Gemüse dazugeben und fertig garen.

2_ 80 g Parmesan reiben, zum Risotto geben und unterrühren. Die restliche Butter in Würfel schneiden, in das Risotto geben und kräftig rühren, sodass eine cremige Konsistenz entsteht. Mit etwas Salz und Pfeffer würzen. Den Sauerampfer putzen und die großen Blätter halbieren. Die Blätter in das Risotto geben und vorsichtig untermengen. In tiefen Tellern anrichten, den restlichen Parmesan hobeln, darüberstreuen und servieren.

SPARGEL-PILZ-RAGOUT MIT KARTOFFELRÖSTI

FÜR 4 PERSONEN

1 kg Spargel
250 g gemischte Pilze
1 EL Butter
1 EL frisch gepresster Zitronensaft
150 g Sahne
800 g festkochende Kartoffeln
4 EL Öl
2 EL fein geschnittener Schnittlauch
Zucker, Salz, frisch gemahlener Pfeffer

ZUBEREITUNGSZEIT

ca. 70 Minuten

1_ Den Spargel schälen und die holzigen Enden entfernen. Die Spargelstangen schräg in 3 cm lange Stücke schneiden. Die Spargelstücke in kochendem Salzwasser mit 1 Prise Zucker etwa 10 Minuten bissfest garen.

2_ In ein Sieb abgießen und dabei den Kochfond auffangen. Die Pilze putzen und in mundgerechte Stücke schneiden. Die Butter in einer Pfanne zerlassen und die Pilze darin anbraten. Mit 200 ml Kochfond ablöschen und aufkochen. Die Sahne zugeben und etwa 5 Minuten bei mittlerer Hitzezufuhr köcheln lassen. Den Zitronensaft einrühren und mit Salz und Pfeffer würzen. Vom Herd nehmen und beiseitestellen.

3_ Die Kartoffeln schälen und in dünne Scheiben schneiden oder hobeln. Die Kartoffelscheiben in sehr feine Streifen schneiden. Die Feuchtigkeit mit den Händen etwas ausdrücken und die Streifen in eine Schüssel geben. Mit etwas Salz und Pfeffer würzen.

4_ Das Öl in einer Pfanne erhitzen. Jeweils ein Häufchen Kartoffelstreifen in die Pfanne geben und anbraten. Wenden, etwas andrücken und knusprig fertig braten. Auf diese Weise alle Kartoffelrösti braten.

5_ In der Zwischenzeit das Pilzragout nochmals aufkochen, die Spargelstücke zugeben und etwa 5 Minuten bei geringer Hitzezufuhr köcheln lassen. Das Spargel-Pilz-Ragout mit den Rösti auf Tellern anrichten und mit dem Schnittlauch bestreuen.

GEBRATENE SCHUPFNUDELN MIT SPARGEL-PILZ-FRIKASSEE

FÜR 4 PERSONEN

1 kg mehligkochende Kartoffeln
340 g Weizenmehl (Type 405)
3 Eier (Größe M)
500 g weißer Spargel
500 g grüner Spargel
500 ml klare Gemüsebrühe
70 g Butter
2 EL frisch gepresster Zitronensaft
100 g Schmand
200 g gemischte Pilze
1 EL Öl
frisch geriebene Muskatnuss
Salz, frisch gemahlener Pfeffer
Kerbel zum Garnieren

ZUBEREITUNGSZEIT

ca. 70 Minuten

1_ Die Kartoffeln in kochendem Salzwasser garen, pellen und noch warm durch die Kartoffelpresse drücken. Mit 300 g Mehl, den Eiern, etwas Salz und Muskatnuss zu einem glatten Teig verarbeiten. Aus dem Teig etwa 1 ½ cm dicke Rollen formen und diese in 5 cm lange Stücke schneiden. Die Teigstück so über die Hand rollen, dass sie an den Enden etwas schmaler werden. Die Schupfnudeln in leicht köchelndes Wasser geben und ca. 5 Minuten garen, bis sie nach oben steigen. Vorsichtig mit einer Lochkelle herausnehmen, in ein Sieb geben und abtropfen lassen.

2_ Vom Spargel die holzigen Enden abschneiden, den weißen Spargel außerdem schälen. Die Spargelstangen schräg in 3 cm lange Stücke schneiden. Die Gemüsebrühe aufkochen, den Spargel hineingeben und in etwa 10 Minuten bissfest garen. In ein Sieb abgießen und dabei die Gemüsebrühe auffangen.

3_ 50 g Butter in den Topf geben und zerlassen. Das restliche Mehl einrühren und anschwitzen. Mit 300 ml von der aufgefangenen Gemüsebrühe ablöschen und unter Rühren aufkochen. Den Zitronensaft und den Schmand einrühren und mit Salz und Pfeffer würzen. Die Pilze putzen, das Öl in einer Pfanne erhitzen und die Pilze darin anbraten. Die Pilze aus der Pfanne nehmen und die restliche Butter darin zerlassen. Die Schupfnudeln in der Butter anbraten und mit etwas Salz und Pfeffer würzen. Die Pilze mit dem Spargel in die Sauce geben und aufkochen. Die Schupfnudeln mit dem Spargel-Pilz-Ragout auf Tellern anrichten und mit dem Kerbel garnieren.

RHABARBER-EISTEE

FÜR 4 PERSONEN

1 kg Rhabarber
200 g Erdbeeren
3 EL frisch gepresster Zitronensaft
150 g Zucker
3 Beutel Hagebuttentee
4 Zitronenscheiben (unbehandelt)

ZUBEREITUNGSZEIT

ca. 30 Minuten

1_ Den Rhabarber in kleine Stücke schneiden. Die Erdbeeren putzen und vierteln. Rhabarber, Erdbeeren, Zitronensaft, Zucker und 1 l Wasser in einen Topf geben und aufkochen. Die Hitzezufuhr reduzieren und den Zucker unter Rühren lösen. Den Topf vom Herd nehmen, die Teebeutel hineingeben und 10 Minuten ziehen lassen. Den Eistee durch ein feines Sieb passieren und abkühlen lassen. Reichlich Eis in Gläser füllen, je eine Zitronenscheibe zugeben und mit dem Eistee aufgießen. Eiskalt servieren.

HOLUNDERBLÜTEN-SIRUP

FÜR CA. 3 L

1 unbehandelte Zitrone
1 ½ kg Zucker
30 g Zitronensäure
30 Holunderblütendolden

ZUBEREITUNGSZEIT

ca. 30 Minuten

ZIEHZEIT

3–4 Tage

1_ Die Zitrone in dünne Scheiben schneiden. Den Zucker mit der Zitronensäure und 1 ½ l Wasser in einen Topf geben und aufkochen. Die Hitzezufuhr reduzieren und 5 Minuten köcheln lassen.

2_ Das Waschbecken mit Wasser füllen und die Holunderblütendolden darin vorsichtig waschen. In ein Sieb geben und abtropfen lassen. Die dicken Stiele der Dolden mit einer Schere abschneiden. Die Holunderblüten mit den Zitronenscheiben in ein sauberes Gefäß geben. Den Sirup darübergießen. Das Gefäß abdecken und an einem kalten Ort 3–4 Tage ziehen lassen. Den Sirup durch ein sehr feines Haarsieb filtern und in einen Topf geben. Den Holunderblütensirup aufkochen, in saubere Flaschen füllen und fest verschließen. Kühl und dunkel lagern.

15

SCHOKOEIS AM STIEL MIT BUNTEN STREUSELN

FÜR CA. 8 PORTIONEN

1 EL Speisestärke
250 ml Milch
350 g Sahne
50 ml Honig
100 g Kakaopulver
250 g dunkle Schokolade
50 g Vanillezucker
1 EL Kokosfett
bunte Zuckerstreusel

ZUBEREITUNGSZEIT

ca. 30 Minuten

GEFRIERZEIT

sehr lange, aber es lohnt sich (insgesamt mindestens 15 Stunden)

1_ Die Speisestärke mit 3 EL Milch glattrühren und zur Seite stellen. Die restliche Milch mit der Sahne, dem Honig und dem Kakaopulver in einen Topf geben und erwärmen. 120 g dunkle Schokolade fein hacken und unterrühren. Den Vanillezucker einrieseln lassen und auflösen. Die Eismasse dann unter ständigem Rühren aufkochen. Die Speisestärke unterrühren und 1 Minute köcheln lassen. Den Topf vom Herd nehmen und die Eismasse in eine Metallschüssel umfüllen. Abkühlen lassen und mindestens für 4 Stunden in den Kühlschrank stellen.

2_ Die Eismasse dann aus dem Kühlschrank nehmen und mit dem Handrührgerät auf höchster Stufe 2 Minuten aufschlagen. Wenn Sie eine Eismaschine haben, geben Sie die Schokomasse hinein und lassen sie gefrieren. Wenn Sie keine Eismaschine haben, stellen Sie die Schokomasse für 2–3 Stunden in das Gefrierfach und rühren sie regelmäßig mit dem Schneebesen durch, bis die Masse anfängt, fest zu werden. Die gefrorene Schokomasse in Eis-am-Stiel-Formen füllen und über Nacht ins Gefrierfach geben.

3_ Die restliche Schokolade fein hacken und mit dem Kokosfett in eine Schüssel geben. Über einem Wasserbad bei niedriger Hitzezufuhr langsam schmelzen lassen. Die Schüssel vom Wasserbad nehmen und die Glasur abkühlen, aber nicht fest werden lassen. Das Schokoladeneis aus den Formen lösen, mit den Spitzen in die Glasur tauchen und mit den Schokostreuseln bestreuen. Sofort genießen!

MAISWAFFELN MIT ORANGEN-ERDBEER-SIRUP

FÜR 4 PERSONEN

450 g Erdbeeren
1 unbehandelte Orange
3 EL Zucker
1 Tüte Vanillezucker
180 g feiner Maisgrieß
120 g Weizenmehl (Type 405)
2 EL brauner Zucker
1 EL Backpulver
½ TL Salz
1 Msp. Zimt
½ TL Zitronenabrieb (unbehandelt)
500 ml Milch
2 EL Sonnenblumenöl
zerlassene Butter zum Einfetten
Zitronenmelisse zum Garnieren

ZUBEREITUNGSZEIT

ca. 60 Minuten

1_ Die Erdbeeren putzen und in kleine Würfel schneiden. Die Hälfte der Orangenschale fein abreiben und den Saft der Orange auspressen. Erdbeerwürfel, Orangenschale, Orangensaft, Zucker und Vanillezucker in einen Topf geben und aufkochen. Bei mittlerer Hitzezufuhr etwa 20 Minuten köcheln lassen, dabei gelegentlich umrühren. Den Sirup vom Herd nehmen und auskühlen lassen.

2_ In der Zwischenzeit den Maisgrieß mit Weizenmehl, braunem Zucker, Backpulver, Salz, Zimt und Zitronenabrieb in eine Schüssel geben. Alles gut miteinander vermischen. In die Mitte eine Mulde drücken und langsam mit einem Schneebesen Milch und Sonnenblumenöl unterrühren und zu einem glatten Teig verarbeiten.

3_ Das Waffeleisen vorheizen und mit etwas zerlassener Butter bestreichen. Nacheinander goldbraune, knusprige Waffeln ausbacken. Zwischendurch gelegentlich das Waffeleisen mit etwas Butter einpinseln. Die Maiswaffeln auf Tellern anrichten und mit etwas Erdbeersirup begießen. Mit der Melisse garnieren und servieren.

MANDELCREMETÖRTCHEN MIT ERDBEEREN

FÜR 4 PERSONEN

½ Vanilleschote
80 g Butter (Raumtemperatur)
100 g gemahlene Mandeln
80 g Weizenmehl (Type 405)
1 Prise Salz
1 Msp. Backpulver
1 ½ EL Honig
½ Päckchen Vanillepuddingpulver
200 ml Milch
2 EL Zucker
150 g Erdbeeren
2 EL Mandeln
Butter zum Ausfetten der Form

ZUBEREITUNGSZEIT

ca. 60 Minuten

(AUS-)KÜHLZEIT

80 Minuten

1_ Die Vanilleschote der Länge nach aufschneiden und das Mark mit der Messerspitze herauskratzen. 50 g Butter mit Vanillemark, gemahlenen Mandeln, Mehl, 1 Prise Salz, Backpulver und Honig in eine Schüssel geben und zügig zu einem glatten Teig verkneten. Den Teig in Klarsichtfolie wickeln und für 30 Minuten in den Kühlschrank legen.

2_ Vier kleine Tarteformen (ø 10 cm) mit etwas Butter einfetten. Den Teig in vier gleich große Stücke teilen, flach drücken und zu Kreisen mit etwa 14 cm Durchmesser ausrollen. Den Teig in die Förmchen legen und mit den Fingern fest in die Form drücken. Den überstehenden Rand mit einem Messer abschneiden. Die Tarteförmchen nochmals für 30 Minuten kalt stellen.

3_ Den Backofen auf 180 °C vorheizen. Die Förmchen auf ein Backblech legen und etwa 12 Minuten backen. Herausnehmen, auskühlen lassen und auf ein Kuchengitter stürzen.

4_ In der Zwischenzeit das Vanillepuddingpulver mit 3 EL Milch verrühren. Die übrige Milch mit dem Zucker aufkochen und köcheln lassen, bis sich der Zucker gelöst hat. Das Puddingpulver zügig einrühren, unter ständigem Rühren aufkochen und vom Herd nehmen. Den Vanillepudding in eine Schüssel geben und auskühlen lassen, dabei immer wieder umrühren. Die restliche Butter mit dem Handrührgerät unter den Pudding schlagen.

5_ Die Törtchen mit der Vanillecreme füllen. Die Erdbeeren waschen, putzen, in Scheiben schneiden und auf der Vanillecreme verteilen. Die Mandeln in einer Pfanne ohne Öl rösten, hacken und die Törtchen damit bestreuen.

ERDBEERWACKELPUDDING MIT VANILLESAUCE

FÜR 4 PERSONEN

1 kg Erdbeeren
450 g Zucker
1 EL Zitronensaft
6 g Agar-Agar-Pulver
Mark von 1 Vanilleschote
300 ml Milch
3 EL Zucker
3 Eigelb

ZUBEREITUNGSZEIT

ca. 60 Minuten

ABTROPFZEIT

3–4 Stunden

AUSKÜHLZEIT

ca. 2 Stunden

FRÜHLING
SÜSSES

1_ Die Erdbeeren putzen und vierteln. In einen großen Topf geben und grob zerstampfen. 500 ml Wasser zugeben und aufkochen. Etwa 10 Minuten bei mittlerer Hitzezufuhr köcheln lassen. Ein großes Haarsieb mit einem feuchten Mulltuch oder einem speziellen Safttuch auskleiden und auf eine Schüssel hängen. Die verkochten Früchte auf das Tuch gießen und in die Schüssel abtropfen lassen.

2_ Den aufgefangenen Saft mit Zucker und Zitronensaft in einen Topf geben, aufkochen und so lange einkochen, bis der Saft eine sirupartige Konsistenz bekommt. 100 ml Sirup abmessen und den übrigen Sirup in eine sterile Flasche füllen und fest verschließen.

3_ Den Sirup mit 400 ml Wasser in einen Topf geben, das Agar-Agar-Pulver einrühren und 10 Minuten quellen lassen. Auf den Herd geben, unter Rühren aufkochen und etwa 3 Minuten kochen lassen. Den Wackelpudding in kleine Förmchen füllen, erkalten und im Kühlschrank fest werden lassen.

4_ In der Zwischenzeit die Milch mit dem Zucker und dem Vanillemark in einen Topf geben, aufkochen und vom Herd nehmen. Das Eigelb in eine Schüssel geben und mit dem Handrührgerät schaumig aufschlagen. Die Milch langsam zugießen und die Masse zurück in den Topf geben. Nun bei mittlerer Hitzezufuhr mit dem Handrührgerät weiterschlagen, bis eine leicht cremige Konsistenz entsteht. Die Sauce darf nicht aufkochen! Sofort vom Herd nehmen und durch ein Haarsieb passieren. Auskühlen lassen. Den Wackelpudding auf Teller stürzen und mit etwas Vanillesauce anrichten.

ZITRONEN-WALDMEISTER-PARFAIT MIT HONIGBLÄTTERN

FÜR 4 PERSONEN

Saft und Schale von 2 unbehandelten Zitronen
250 g Zucker
1 kleiner Bund Waldmeister
3 Eier
250 g Sahne
30 g Butter
15 g Honig
35 g Puderzucker
20 g Mehl
4 Zitronenscheiben (unbehandelt) und einige Waldmeisterzweige zum Garnieren

ZUBEREITUNGSZEIT

ca. 40 Minuten

ZIEHZEIT

5 Stunden

GEFRIERZEIT

5 Stunden

1_ Zitronensaft, 250 ml Wasser und 200 g Zucker aufkochen und köcheln lassen, bis der Zucker sich gelöst hat. Vom Herd nehmen, den Waldmeister und die Zitronenschalen zugeben und mindestens 5 Stunden ziehen lassen. Den Sirup anschießend durch ein feines Sieb gießen. 4 EL Sirup in eine kleine Schüssel geben. Den Rest des Zitronen-Waldmeister-Sirups aufkochen. Als Vorrat in eine sterilisierte Flasche füllen, gut verschließen und für den nächsten Einsatz gekühlt aufbewahren.

2_ Die Eier trennen. Das Eigelb mit den 4 EL Sirup in eine Metallschüssel geben und über einem warmen, nicht kochendem Wasserbad mit dem Schneebesen schaumig aufschlagen. Darauf achten, dass die Schüssel nicht das Wasser berührt und das Ei nicht gerinnt. Die schaumige Masse vom Wasserbad nehmen und mit dem Schneebesen so lange weiterschlagen, bis sie abgekühlt ist.

3_ Das Eiweiß mit dem Handrührgerät fest aufschlagen, dabei langsam den restlichen Zucker einrieseln lassen. Die Sahne steif aufschlagen und mit einem Schneebesen vorsichtig unter die Eigelbmasse heben. Dann das geschlagene Eiweiß unterheben. Eine Kastenform mit Klarsichtfolie auskleiden und die Parfaitmasse einfüllen. In das Gefrierfach geben und mindestens 5 Stunden gefrieren.

4_ In der Zwischenzeit die Butter und den Honig in einen Topf geben und zerlassen. 1 EL Wasser einrühren und kurz aufkochen. Vom Herd nehmen und den Puderzucker und das Mehl unterrühren. Die Masse in eine Schüssel geben und abkühlen lassen. Aus der Masse etwa 1 cm große Kugeln formen und mit großem Abstand zueinander auf ein mit Backpapier ausgelegtes Backblech setzen. Den Backofen auf 200 °C vorheizen. Das Blech in den Ofen geben und die Kugeln zu goldbraunen Honigblätter ausbacken.

5_ Das Zitronen-Waldmeister-Parfait aus dem Gefrierfach nehmen und 10 Minuten antauen lassen. In Scheiben schneiden und mit den Honigblättern auf Tellern anrichten. Mit den Zitronenscheiben und den Waldmeisterzweigen garnieren.

BETE

SOMMER

Im Sommer können wir aus dem Vollen schöpfen –
junge Zucchini, selbst gesammelte Pilze und
wo wir hinschauen reifes Obst.

SEITE 64–127

BLUMENKOHL IN WARMER HASELNUSSVINAIGRETTE MIT HIMBEEREN

FÜR 4 PERSONEN

1 kg Blumenkohl
1 kleine Porreestange
70 g Haselnusskerne
6 EL Himbeeressig
2 EL Honig
2 EL Olivenöl
2 EL Haselnussöl
150 g Himbeeren
Salz, frisch gemahlener Pfeffer

ZUBEREITUNGSZEIT

ca. 30 Minuten

1_ Den Blumenkohl putzen und in kleine Röschen schneiden. Den Porree der Länge nach halbieren und in feine Streifen schneiden. Die Porreestreifen gründlich waschen. Blumenkohlröschen und Porreestreifen getrennt voneinander in kochendem Salzwasser garen. In ein Sieb abgießen und abtropfen lassen.

2_ In der Zwischenzeit die Haselnusskerne grob hacken und in einer Pfanne ohne Fett anrösten. Himbeeressig, Honig, Olivenöl und Haselnussöl zu einer Vinaigrette rühren. Die gerösteten Haselnusskerne zugeben und mit Salz und Pfeffer abschmecken. Die warmen Blumenkohlröschen in die Vinaigrette geben und mit den Porreestreifen und den Himbeeren vermengen. Auf Tellern anrichten und sofort servieren.

ROTE-BETE-SALAT MIT STEINPILZEN UND PFIRSICHEN

FÜR 4 PERSONEN

400 g gekochte Rote Bete
300 g kleine feste Steinpilze
2 reife Pfirsiche
30 g Pinienkerne
½ Bund Rucola
2 EL frisch gepresster Zitronensaft
100 ml klare Gemüsebrühe
6 EL Olivenöl
Zucker, Salz, frisch gemahlener Pfeffer

ZUBEREITUNGSZEIT

ca. 30 Minuten

1_ Die Rote Bete schälen und in dünne Scheiben schneiden. Die Steinpilze je nach Größe halbieren oder vierteln. Die Pfirsiche halbieren und die Steine entfernen. Die Pfirsichhälften in dünne Spalten schneiden. Die Pinienkerne in einer Pfanne ohne Fett goldbraun rösten. Den Rucola putzen, waschen und in einem Sieb abtropfen lassen.

2_ Zitronensaft, Gemüsebrühe und 4 EL Olivenöl zu einem Dressing rühren und mit Salz, Pfeffer und etwas Zucker abschmecken.

3_ Das restliche Olivenöl in einer Pfanne erhitzen und die Steinpilze darin anbraten. Mit etwas Salz und Pfeffer würzen. Steinpilze, Pfirsiche und Rote Bete in eine Schüssel geben und mit dem Dressing marinieren.

4_ Die Rucolablätter auf Tellern verteilen und den Salat darauf anrichten. Mit den gerösteten Pinienkernen bestreuen.

KOPFSALATHERZEN MIT POCHIERTEM EI UND RÖSTBROT

FÜR 4 PERSONEN

2 Kopfsalatherzen
4 EL Obstessig
1 EL frisch gepresster Zitronensaft
3 EL klare Gemüsebrühe
1 TL Senf
5 EL Olivenöl
2 Scheiben Bauernbrot
1 EL Butter
4 Eier
Salz, frisch gemahlener Pfeffer
frische Kräuter zum Garnieren

ZUBEREITUNGSZEIT

ca. 30 Minuten

1_ Die Kopfsalatherzen der Länge nach halbieren und waschen, in einem Sieb abtropfen lassen. 2 EL Obstessig, Zitronensaft, Gemüsebrühe, Senf und 5 EL Olivenöl zu einem Dressing rühren. Mit Salz und Pfeffer abschmecken. Die Brotscheiben grob würfeln.

2_ Die Eier einzeln aufschlagen und in jeweils eine Tasse geben. Aus den Tassen die Eier vorsichtig in kochendes Wasser gleiten lassen. Besonders gut geht das, wenn man das Wasser vorher mit einem Schneebesen kräftig rührt, sodass ein Strudel entsteht. Die Eier etwa 1 Minute bei geringer Hitzezufuhr köcheln lassen. Den Topf vom Herd nehmen und die Eier etwa 4 Minuten ziehen lassen.

3_ In der Zwischenzeit das restliche Olivenöl mit der Butter in einer Pfanne erhitzen. Das gewürfelte Brot darin knusprig anbraten. Aus der Pfanne nehmen und mit etwas Salz würzen. Die Kopfsalatherzen auf Teller anrichten. Mit dem Dressing marinieren und jeweils ein pochiertes Ei daraufsetzen. Mit den gerösteten Brotwürfeln bestreuen und mit den Kräutern garnieren.

SOMMERSALAT MIT GEBACKENEM KÄSE UND ERDBEERDRESSING

FÜR 4 PERSONEN

250 g Erdbeeren
3 EL Honig
3 EL frisch gepresster Zitronensaft
4 EL Olivenöl
250 g gereifter Ziegenkäse (Rolle)
300 g bunter, sommerlicher Pflücksalat
1 kleiner Bund Basilikum
rosa Pfefferbeeren
Salz, frisch gemahlener Pfeffer

ZUBEREITUNGSZEIT

ca. 25 Minuten

1_ Den Ofen auf 180 °C vorheizen. Die Erdbeeren putzen. 200 g davon mit 1 EL Honig in ein hohes Gefäß geben und mit dem Stabmixer pürieren. Den Zitronensaft und das Olivenöl zugeben, nochmals kräftig durchmixen und mit Salz und Pfeffer abschmecken.

2_ Die restlichen Erdbeeren vierteln oder in Scheiben schneiden. Das Basilikum von den Stängeln zupfen. Den Ziegenkäse in acht gleich große Scheiben schneiden und auf ein mit Backpapier ausgelegtes Backblech legen. Mit dem restlichen Honig marinieren und für etwa 5 Minuten in den vorgeheizten Ofen geben.

3_ In der Zwischenzeit den Pflücksalat mit dem Erdbeerdressing marinieren und auf Tellern anrichten. Mit den Basilikumblättern bestreuen und mit den Erdbeeren garnieren. Den Ziegenkäse aus dem Ofen nehmen und auf die Salate setzen. Mit ein paar rosa Pfefferbeeren bestreuen.

LAUWARMER KARTOFFELSALAT MIT KARAMELLISIERTEN ZWIEBELN

FÜR 4 PERSONEN

1 kg kleine festkochende Kartoffeln
1 große Gemüsezwiebel
4 EL Öl
2 TL Zucker
150 ml klare Gemüsebrühe
6 EL Weißweinessig
1 EL mittelscharfer Senf
2 EL fein geschnittener Schnittlauch
Salz, frisch gemahlener Pfeffer

ZUBEREITUNGSZEIT

ca. 45 Minuten

1_ Die Kartoffeln in kochendem Salzwasser 15–20 Minuten bissfest garen, in ein Sieb abgießen und etwas auskühlen lassen. Dann pellen, in Scheiben schneiden und in eine Schüssel geben. Die Gemüsezwiebel schälen, halbieren und in feine Streifen schneiden. 2 EL Öl in einer Pfanne erhitzen und die Zwiebelstreifen darin bei mittlerer Hitzezufuhr langsam goldbraun anbraten. Mit 1 TL Zucker betreuen und unter ständigem Rühren karamellisieren lassen. Die Zwiebeln zu den Kartoffeln geben.

2_ Die Gemüsebrühe aufkochen und den Essig, den restlichen Zucker, das restliche Öl sowie den Senf zugeben und alles kräftig miteinander verrühren. Die Brühe über die Kartoffeln gießen und den Salat gut durchmischen. Mit Pfeffer und Salz abschmecken und lauwarm abkühlen lassen. Mit dem Schnittlauch bestreuen und sofort servieren.

KOHLRABISCHNITZEL MIT BRATKARTOFFELSALAT

FÜR 4 PERSONEN

800 g kleine festkochende Kartoffeln
2 Schalotten
6 EL Öl
150 ml klare Gemüsebrühe
2 EL Weißweinessig
700 g Kohlrabi
5 EL Maisgrieß
5 EL Weizenmehl (Type 405)
1 Ei
2 EL gehackte glatte Petersilie
1 EL körniger Senf
1 EL Mayonnaise
100 g Joghurt
Salz, frisch gemahlener Pfeffer

ZUBEREITUNGSZEIT

ca. 60 Minuten

1_ Die Kartoffeln in Salzwasser bissfest garen, in ein Sieb abgießen und etwas auskühlen lassen. Die Kartoffeln dann in dünne Scheiben schneiden. Die Schalotten schälen, halbieren und in feine Streifen schneiden. 2 EL Öl in einer Pfanne erhitzen und die Schalottenstreifen darin glasig andünsten. Die Kartoffeln zugeben und etwa 10 Minuten bei mittlerer Hitze anbraten. Mit Salz und Pfeffer würzen und in eine Schüssel geben.

2_ Die Brühe mit dem Essig aufkochen und über die Kartoffeln gießen. Die Kohlrabis schälen und in etwa 1 ½ cm dicke Scheiben schneiden. Die Kohlrabischeiben in kochendem Salzwasser etwa 6 Minuten bissfest garen. In ein Sieb abgießen, mit kaltem Wasser abspülen und abtropfen lassen.

3_ In der Zwischenzeit den Maisgrieß mit dem Mehl, 2 EL Öl, dem Ei und 80 ml Wasser in eine Schüssel geben und zu einer glatten Panade rühren. Mit Salz und Pfeffer abschmecken und die Petersilie unterrühren. Das restliche Öl in einer Pfanne erhitzen. Die Kohlrabischeiben mit der Panade überziehen und von jeder Seite etwa 3 Minuten anbraten.

4_ Senf, Mayonnaise und Joghurt gut verrühren, zum Bratkartoffelsalat geben und alles miteinander vermischen. Den Bratkartoffelsalat mit den Kohlrabischnitzeln auf Tellern anrichten.

SAUERRAHM-KÄSE-TÖRTCHEN MIT TOMATEN

FÜR 4 PERSONEN

100 g Butter
2 Eier
100 g Bergkäse
200 g Sauerrahm
1 Bund glatte Petersilie
300 g Kirschtomaten
1 Paket Strudel- oder Filoteig
Salz, frisch gemahlener Pfeffer

ZUBEREITUNGSZEIT

ca. 55 Minuten

SOMMER
W H F
SATTMACHER

1_ Den Backofen auf 200 °C vorheizen. Die Butter in einem kleinen Topf zerlassen. Zehn ofenfeste Förmchen (ø 8 cm) leicht mit der Butter auspinseln. Die restliche Butter bis zur weiteren Verwendung zur Seite stellen.

2_ Die Eier in eine Schüssel geben und kräftig aufschlagen. Den Bergkäse reiben und mit dem Sauerrahm dazugeben. Alles miteinander verrühren, mit Salz und Pfeffer würzen. Die Petersilie von den Stängeln zupfen, in dünne Streifen schneiden und unter die Masse mengen. Die Kirschtomaten halbieren.

3_ Den Strudelteig in 30 Quadrate mit 12 cm Seitenlänge schneiden. Jedes Teigblatt mit etwas Butter bepinseln. Jedes Förmchen mit drei überlappenden Blättern so auslegen, dass der Teig etwas über den Rand steht. Die Kirschtomaten auf die Förmchen verteilen und mit der Sauerrahm-Käse-Masse übergießen.

4_ Die Törtchen im Ofen etwa 25 Minuten backen. Aus dem Ofen nehmen, etwas auskühlen lassen und servieren.

PIZZAECKEN WALD UND WIESE

FÜR 4 PERSONEN

375 g Weizenmehl (Type 550)
½ TL Salz
1 ½ Päckchen Trockenhefe
6 EL Olivenöl
1 Knoblauchzehe
120 g Pizzatomaten aus der Dose
1 TL fein gehackter Oregano
1 Schalotte
100 g Pfifferlinge
1 Kugel Büffelmozzarella
1 Handvoll Kräuter (etwa Kerbel, Basilikum, Petersilie)
Salz, frisch gemahlener Pfeffer

ZUBEREITUNGSZEIT

ca. 70 Minuten

SOMMER
SATTMACHER

1_ Für den Teig Mehl, Salz und Hefe in eine große Schüssel geben und gut miteinander vermischen. In die Mitte eine Mulde drücken und 2 EL Olivenöl sowie 125 ml lauwarmes Wasser zugeben. Alles zu einem glatten Teig verarbeiten. Ist der Teig zu klebrig, noch etwas Mehl unterarbeiten. Den Teig auf einer leicht bemehlten Arbeitsfläche etwa 10 Minuten kräftig kneten, bis er geschmeidig und elastisch ist.

2_ Den Pizzateig in eine Schüssel geben, mit einem Küchentuch abdecken und an einem warmen Ort auf das Doppelte seines Volumens aufgehen lassen. Den Teig nochmals 2 Minuten kräftig durchkneten und zu einem langen Rechteck mit etwa 15 cm Breite und 60 cm Länge ausrollen. Mit einer Gabel mehrfach einstechen und den Teig in Ecken schneiden. Auf einem mit Backpapier belegten Backblech verteilen.

3_ Den Backofen auf 220 °C vorheizen. Den Knoblauch schälen und fein hacken. Die Pizzatomaten mit Oregano, Knoblauch und 1 EL Olivenöl verrühren. Mit Salz und Pfeffer würzen. Die Pizzaecken mit der Tomatensauce bestreichen. Die Schalotte schälen und in feine Streifen schneiden.

4_ Die Pfifferlinge putzen. Das restliche Olivenöl in einer Pfanne erhitzen und die Schalottenstreifen darin andünsten. Die Pfifferlinge zugeben und kurz, aber kräftig anbraten. Aus der Pfanne nehmen und in ein Sieb geben.

5_ Den Mozzarella in feine Würfel schneiden und auf Küchenpapier etwas abtropfen lassen. Die Pizzaecken mit den Mozzarellawürfeln bestreuen und die Pfifferlinge darüber verteilen. Mit etwas Salz und Pfeffer würzen. Die Pizzaecken für etwa 12 Minuten im vorgeheizten Ofen backen. Dann aus dem Ofen nehmen und etwas abkühlen lassen. Mit den frischen Kräutern bestreuen und servieren.

ZUCCHINI-KARTOFFELPUFFER MIT SCHNITTLAUCHQUARK

FÜR 4 PERSONEN

400 g festkochende Kartoffeln
250 g feste Zucchini
5 EL Weizenmehl (Type 405)
3 Eier (Größe M)
1 Bund Schnittlauch
1 Schalotte
3 EL Öl
400 g Quark
frisch gepresster Zitronensaft
Salz, frisch gemahlener Pfeffer

ZUBEREITUNGSZEIT

ca. 40 Minuten

1_ Die Kartoffeln schälen und mit der Kartoffelreibe fein raspeln. Auf ein Küchentuch geben und die Flüssigkeit ausdrücken. Die Kartoffelraspeln in eine Schüssel geben.

2_ Die Zucchini putzen, ebenfalls fein raspeln, zu den Kartoffeln geben und alles gut miteinander vermischen. Das Mehl darübersieben und gleichmäßig untermengen.

3_ Die Eier in einer Schüssel kräftig verquirlen und dann in die Zucchini-Kartoffel-Masse geben. Alles gut miteinander vermengen und mit Salz und Pfeffer würzen.

4_ Den Schnittlauch in feine Röllchen schneiden. Die Schalotte schälen, halbieren und fein würfeln. 1 EL Öl in einer Pfanne erhitzen und die Schalottenwürfel darin glasig andünsten. Den Quark in eine Schüssel geben und mit den gedünsteten Schalottenwürfeln und den Schnittlauchröllchen verrühren.

5_ Mit einigen Spritzern Zitronensaft, Salz und Pfeffer abschmecken.

6_ Das übrige Öl in einer großen Pfanne erhitzen. Aus dem Teig zwölf kleine Puffer formen und im heißen Öl von jeder Seite 3 Minuten goldbraun braten. Die Puffer auf etwas Küchenpapier abtropfen lassen. Auf Tellern anrichten und mit dem Schnittlauchquark servieren.

KOHLRABI-KARTOFFEL-GRATIN

FÜR 4 PERSONEN

1 kg festkochende Kartoffeln
4 kleine Kohlrabis
3 EL Butter
1 mittelgroße Zwiebel
1 TL Thymianblättchen
200 g klare Gemüsebrühe
250 g Sahne
1 Bund glatte Petersilie
4 EL Semmelbrösel
80 g Parmesan

ZUBEREITUNGSZEIT

ca. 70 Minuten

1_ Den Ofen auf 180 °C vorheizen. Kartoffeln und Kohlrabis schälen und in dünne Scheiben schneiden. Eine ofenfeste Form mit etwas Butter ausfetten. Die Kartoffel- und Kohlrabischeiben abwechselnd in die Form schichten. Die Zwiebel schälen, halbieren und fein würfeln. 1 EL Butter in einer Pfanne zerlassen und die Zwiebelwürfel darin glasig andünsten. Die Thymianblättchen zugeben und kurz angehen lassen. Mit der Brühe ablöschen und die Sahne zugeben. Aufkochen und etwa 5 Minuten bei mittlerer Hitzezufuhr köcheln lassen.

2_ Die Sauce über den Kartoffel- und Kohlrabischeiben verteilen. Das Kohlrabi-Kartoffel-Gratin für ca. 45 Minuten in den Ofen geben. In der Zwischenzeit die Blätter von der Petersilie zupfen und fein hacken. Die restliche Butter in einer Schüssel schaumig aufschlagen. Die Semmelbrösel und die gehackte Petersilie zugeben. Alles zu einer bröseligen Masse vermengen. Nach 35 Minuten Garzeit das Gratin aus dem Ofen nehmen. Den Parmesan reiben und mit den Kräuterbröseln darüber verteilen. Wieder in den Ofen geben und goldbraun überbacken.

PORREE-KARTOFFEL-AUFLAUF MIT KRÄUTERKRUSTE

FÜR 4 PERSONEN

600 g Porree
2 Knoblauchzehen
1 kleine Zwiebel
1 EL Öl
250 g Sahne
400 g festkochende Kartoffeln
3 EL Butter
80 g Bergkäse
100 g Semmelbrösel
1 TL Thymianblättchen
1 EL fein gehackter Rosmarin
2 EL fein gehackte glatte Petersilie
frisch gemahlene Muskatnuss
Salz, frisch gemahlener Pfeffer

ZUBEREITUNGSZEIT

ca. 60 Minuten

SOMMER SATTMACHER

1_ Den Porree putzen, der Länge nach vierteln und in etwa 10 cm lange Streifen schneiden. Die Porreestreifen waschen, in reichlich Salzwasser 3 Minuten garen, in ein Sieb abgießen und gründlich abtropfen lassen. Die Knoblauchzehen und die Zwiebel schälen. Den Knoblauch fein hacken, die Zwiebel fein würfeln.

2_ Das Öl in einer Pfanne erhitzen und die Zwiebelwürfel bei mittlerer Hitzezufuhr darin bräunen, den Knoblauch zugeben und andünsten. Die Sahne zugießen und 2 Minuten einköcheln lassen. Mit Salz, Pfeffer und Muskatnuss würzen.

3_ Den Ofen auf 180 °C vorheizen. Die Kartoffeln schälen und in dünne Scheiben schneiden oder hobeln. Eine Auflaufform mit etwas Butter ausfetten, die Kartoffeln hineinschichten und mit der Sahne begießen. Den Bergkäse reiben, darüberstreuen und den Porree auf dem Käse verteilen. Die übrige Butter in einer Schüssel schaumig aufschlagen und mit den Semmelbröseln und den Kräutern krümelig vermengen. Die Kräuterkrümel auf dem Auflauf verteilen. Im Ofen 25 Minuten backen. Nach dem Ende der Garzeit den Ofen auf Grillfunktion stellen und den Auflauf goldgelb überbacken.

KRÄUTERSUPPE MIT PILZMAULTASCHEN

FÜR 4 PERSONEN

2 Schalotten
1 Knoblauchzehe
50 g Steinpilze
50 g Champignons
40 g Walnusskerne
1 EL Olivenöl
1 EL fein gehackte glatte Petersilie
200 g Maultaschenteig aus dem Kühlregal
1 Eigelb
1 Bund Grüne-Sauce-Kräuter (Petersilie, Borretsch, Kresse, Sauerampfer, Kerbel, Pimpinelle, Schnittlauch)
100 g festkochende Kartoffeln
2 EL Butter
800 g klare Gemüsebrühe
200 g Sahne
1 TL frisch gepresster Zitronensaft
2 EL Schmand
Salz, frisch gemahlener Pfeffer

ZUBEREITUNGSZEIT

ca. 50 Minuten

1_ Die Schalotten schälen, eine Schalotte fein würfeln und die übrigen in Ringe schneiden. Die Knoblauchzehe schälen und sehr fein hacken. Die Pilze putzen und in feine Würfel schneiden. Die Walnusskerne fein hacken. Das Olivenöl in einer Pfanne erhitzen, Schalotten und Knoblauch darin glasig andünsten. Pilze und Walnüsse zugeben und anbraten. Aus der Pfanne nehmen, die Petersilie untermengen und abkühlen lassen.

2_ Den Maultaschenteig in 8 x 8 cm große Quadrate schneiden. Jeweils 1 EL Pilzmasse in die Mitte des Teigs geben und die Ränder mit etwas verquirltem Eigelb bestreichen. Die Teigquadrate zu Dreiecken zusammenklappen und die Teigränder fest zusammendrücken. Die Maultaschen bis zur weiteren Verwendung auf einen mit Backpapier belegten Teller geben, mit Folie abdecken und kühl stellen.

3_ Die groben Stiele der Grüne-Sauce-Kräuter entfernen, die Kräuter waschen und grob hacken. Die Kartoffeln schälen und in kleine Würfel schneiden. Die Butter in einem großen Topf zerlassen, Schalotten und Kartoffeln darin andünsten. Die Kräuter zugeben und zusammenfallen lassen. Mit der klaren Gemüsebrühe ablöschen und aufkochen. Etwa 10 Minuten kochen lassen, bis die Kartoffelwürfel weich sind. Mit dem Stabmixer fein pürieren, die Sahne und den Zitronensaft zugeben und nochmals aufkochen. Mit Salz und Pfeffer würzen.

4_ Die Maultaschen in kochendem Salzwasser ca. 6 Minuten bissfest garen, vorsichtig herausheben und in einem Sieb abtropfen lassen. Die Maultaschen auf Suppentellern verteilen. Die Suppe mit dem Stabmixer schaumig aufmixen und die Teller damit füllen. Jeweils mit einem Klecks Schmand garnieren und servieren.

GELBE PAPRIKARAHMSUPPE

FÜR 4 PERSONEN

3 gelbe Paprika
3 Schalotten
1 kleine Chilischote
100 g Butter
100 ml trockener Weißwein
800 ml klare Gemüsebrühe
300 g Sahne
Saft und Abrieb von ½ unbehandelten Zitrone
1 EL fein geschnittene Zitronenmelisse
2 dicke Scheiben Weißbrot
Salz, frisch gemahlener Pfeffer

ZUBEREITUNGSZEIT

ca. 40 Minuten

1_ Die Paprika vierteln, den Strunk und die Kerne samt den weißen Trennhäutchen entfernen. Die Paprikaviertel in feine Streifen schneiden. Die Schalotten schälen und in feine Ringe schneiden. Die Chilischote der Länge nach aufschneiden, den Stiel und die Kerne entfernen. Die Chilihälften fein hacken.

2_ Die Butter in einem großen Topf zerlassen und die Schalotten darin andünsten. Paprika und die Chili zugeben und mit dem Weißwein ablöschen. Köcheln lassen, bis der Wein fast verkocht ist. Dann die Gemüsebrühe zugeben, aufkochen und etwa 10 Minuten bei mittlerer Hitzezufuhr köcheln lassen. Die Suppe mit dem Stabmixer fein pürieren, durch ein feines Sieb passieren und zurück in den Topf geben. Die Sahne zugeben, unterrühren und nochmals aufkochen.

3_ Mit dem Zitronenabrieb und dem -saft sowie etwas frisch gemahlenem Pfeffer abschmecken. Die restliche Butter in einer großen Pfanne erhitzen. Die Weißbrotscheiben grob in Stücke zupfen und in der heißen Butter goldbraun anrösten. Mit etwas Salz würzen. Die Paprikasuppe in Schalen oder Suppenteller füllen. Mit der Zitronenmelisse und dem Röstbrot bestreuen.

KARTOFFELSUPPE MIT PFIFFERLINGEN UND KÄSESTICKS

FÜR 4 PERSONEN

1 mittelgroße Zwiebel
1 Knoblauchzehe
100 g Karotte
150 g Knollensellerie
1 kg festkochende Kartoffeln
100 g Porree
2 EL Butter
½ TL gehackter Thymian
1 TL gehackter Majoran
1 ½ l klare Gemüsebrühe
100 g Pizzateig aus dem Kühlregal
40 g Bergkäse
200 g Sahne
200 g Pfifferlinge
1 EL Olivenöl
frisch gepresster Zitronensaft
1 EL gehackte glatte Petersilie
2 EL Schmand
Salz, frisch gemahlener Pfeffer

ZUBEREITUNGSZEIT

ca. 50 Minuten

SOMMER
W H F
SUPPE

1_ Die Zwiebel und die Knoblauchzehe schälen. Die Zwiebel in Ringe schneiden und den Knoblauch fein hacken. Karotte, Knollensellerie und Kartoffeln schälen. Alles grob in Würfel schneiden. Den Porree der Länge nach halbieren, in Streifen schneiden, waschen und in einem Sieb abtropfen lassen.

2_ Die Butter in einem großen Topf zerlassen. Thymian, Majoran, Zwiebelringe und Knoblauch zugeben und andünsten. Das Gemüse in den Topf geben und ebenfalls kurz andünsten. Mit der Gemüsebrühe ablöschen, aufkochen und bei mittlerer Hitzezufuhr etwa 25 Minuten köcheln lassen.

3_ In der Zwischenzeit den Ofen auf 200 °C vorheizen. Den Pizzateig in etwa 1 ½ cm dicke Streifen schneiden und auf dem Backblech verteilen. Den Bergkäse reiben und die Streifen damit bestreuen. Im vorgeheizten Ofen 10 Minuten backen.

4_ Die Suppe mit dem Stabmixer pürieren, die Sahne zugeben und aufkochen. Mit etwas Salz und Pfeffer würzen. Die Pfifferlinge putzen. Das Olivenöl in einer Pfanne erhitzen und die Pfifferlinge darin kräftig anbraten. Mit etwas Zitronensaft, Salz und Pfeffer würzen. Die gehackte Petersilie untermengen.

5_ Die Suppe in Schalen anrichten und die Pfifferlinge darauf verteilen. Jeweils einen Klecks Schmand auf die Suppen geben. Mit den Käsesticks servieren.

KAISERSCHMARREN MIT MARILLENRÖSTER

FÜR 4 PERSONEN

500 g reife Marillen (Aprikosen)
100 g Zucker
Mark von ½ Vanilleschote
Saft von ½ Zitrone
2 cl Marillenschnaps
40 g Weizenmehl (Type 405)
130 ml Milch
1 Prise Salz
2 Prisen Vanillezucker
Abrieb von ¼ unbehandelten Zitrone
15 ml Rum
4 Eier
1 EL Butterschmalz
40 g Rosinen
2 EL Butter
40 g Puderzucker

ZUBEREITUNGSZEIT

ca. 60 Minuten

1_ Die Marillen halbieren und entsteinen. Den Zucker in einen schweren Topf geben und bei niedriger Hitzezufuhr langsam karamellisieren. Mit 150 ml Wasser ablöschen und den Zitronensaft sowie das Vanillemark zugeben. Etwa 5 Minuten köcheln lassen, bis sich der karamellisierte Zucker vollständig aufgelöst hat. Die halbierten Marillen in den Karamellsud geben und weich dünsten.

2_ Den Backofen auf 200 °C vorheizen. Mehl, Milch, Salz, Vanillezucker, Zitronenabrieb und Rum zu einem glatten Teig verarbeiten. Die Eier locker unter den Teig rühren, jedoch nicht verschlagen.

3_ Das Butterschmalz in einer beschichteten Pfanne erhitzen. Den Teig in die Pfanne geben, mit Rosinen bestreuen und in den vorgeheizten Ofen schieben. Wenn die Oberfläche des Teigs fest wird, 1 EL Butter in Flocken darauf verteilen und den Schmarren wenden.

4_ Wenn der Kaiserschmarren eine schöne goldbraune Farbe bekommen hat, mit zwei Gabeln in mundgerechte Stücke zerreißen. Mit Puderzucker bestäuben und die übrige Butter in Flocken darübergeben. Im Ofen karamellisieren lassen. Den Kaiserschmarren aus dem Ofen nehmen, mit etwas Puderzucker bestäuben und mit dem Marillenröster servieren.

DICKE BLAUBEERPFANNKUCHEN MIT VANILLESAUCE

FÜR 4 PERSONEN

200 g Blaubeeren
2 EL Butter
4 EL Buttermilch
2 Eier (Größe M)
1 EL Honig
3 EL Weizenmehl (Type 405)
½ TL Backpulver
300 ml Milch
3 EL Zucker
Mark von 1 Vanilleschote
3 Eigelb
2 EL Öl
1 EL Puderzucker
Salz

ZUBEREITUNGSZEIT

ca. 45 Minuten

1_ Die Blaubeeren verlesen und waschen. Auf etwas Küchenpapier trocknen lassen. Die Butter in einer Pfanne zerlassen und etwas auskühlen lassen. Die Milch mit 1 Prise Salz, den Eiern und dem Honig in einer Schüssel kräftig verrühren. Das Mehl mit dem Backpulver vermengen und nach und nach unter die Milchmischung rühren. Die geschmolzene Butter zugeben und alles zu einem glatten Teig verrühren. Den Teig etwas ruhen lassen.

2_ In der Zwischenzeit die Milch mit dem Zucker und dem Vanillemark in einen Topf geben, aufkochen und vom Herd nehmen. Das Eigelb in eine Schüssel geben und mit dem Handrührgerät schaumig aufschlagen. Die Milch langsam zugießen und die Masse zurück in den Topf geben. Nun bei mittlerer Hitzezufuhr mit dem Handrührgerät weiterschlagen, bis eine leicht cremige Konsistenz entsteht. Die Sauce darf nicht aufkochen! Sofort vom Herd nehmen und durch ein Haarsieb passieren.

3_ Etwas Öl in einer Pfanne erhitzen und portionsweise kleine Pfannkuchen darin ausbacken. Dazu 2 EL Teig je Pfannkuchen in die Pfanne geben, leicht anbacken und einige Blaubeeren in den Teig drücken. Nach 2 Minuten wenden und nochmals 2 Minuten backen. Einige Blaubeeren zum Garnieren zurückhalten. Die Blaubeerpfannkuchen auf Tellern anrichten, mit dem Puderzucker bestäuben und mit den übrigen Blaubeeren garnieren. Mit der Vanillesauce servieren.

STACHELBEER-KIRSCH-GRÜTZE

FÜR 4 PERSONEN

200 g Stachelbeeren
300 g Kirschen
250 ml Apfelsaft
80 g Zucker
2 EL Speisestärke
5 Zitronenmelisseblätter
100 g Sahne
1 Päckchen Vanillezucker
100 g Schmand

ZUBEREITUNGSZEIT

ca. 20 Minuten

AUSKÜHLZEIT

ca. 30 Minuten

SOMMER
W
H F
SÜSS & FRUCHTIG

1_ Die Stachelbeeren halbieren. Die Kirschen halbieren und entsteinen. Den Apfelsaft mit dem Zucker in einen Topf geben und aufkochen. Die Stachelbeeren und die Kirschen zugeben und bei mittlerer Hitzezufuhr 3 Minuten köcheln lassen. Die Speisestärke mit 3 EL Wasser glattrühren und in die Grütze einrühren. Unter ständigem Rühren aufkochen und vom Herd nehmen. Die Blätter der Zitronenmelisse in feine Streifen schneiden und untermengen. Die Grütze in eine Schale füllen und abkühlen lassen.

2_ Die Sahne steif aufschlagen und dabei den Vanillezucker langsam einrieseln lassen.

3_ Den Schmand in einer Schüssel glattrühren und die geschlagene Sahne vorsichtig unterheben. Die Grütze mit der Sahnemischung anrichten.

SCHOKOLADENPUDDING MIT HIMBEERSIRUP UND VANILLESAHNE

FÜR 4 PERSONEN

6 g Agar-Agar-Pulver
125 ml Milch
450 g Sahne
3 Eigelb (Größe M)
165 g Zucker
160 g dunkle Schokolade
250 g frische Himbeeren
1 TL frisch gepresster Zitronensaft
1 Päckchen Vanillezucker

ZUBEREITUNGSZEIT

ca. 40 Minuten

KÜHLZEIT

3 Stunden

1_ Das Agar-Agar mit 150 ml Milch verrühren. Die restliche Milch mit 150 g Sahne aufkochen. Das Agar-Agar-Milch-Gemisch einrühren und alles unter Rühren etwa 3 Minuten köcheln lassen. Die Eigelbe mit 40 g Zucker in eine Metallschüssel geben und schaumig aufschlagen. Langsam das Milch-Sahne-Gemisch einrühren. Die Schüssel auf einen Topf mit leicht köchelndem Wasser setzen, dabei darauf achten, dass der Topf nicht direkt mit dem Wasser in Berührung kommt. Die Eigelbmasse nun unter ständigem Rühren erhitzen, bis eine leicht cremige Bindung entsteht. Die Masse dann sofort durch ein feines Sieb passieren.

2_ Die Schokolade fein hacken, ebenfalls in eine Metallschüssel geben und über dem leicht köchelnden Wasserbad schmelzen. Die Schokolade in die Eigelbmasse einrühren. Die Masse unter gelegentlichem Rühren lauwarm auskühlen lassen. 200 g Sahne steif schlagen und unter die Schokomasse heben. Puddingförmchen mit kaltem Wasser ausspülen und die Masse einfüllen. Die Förmchen mit Folie bedecken und für mindestens 3 Stunden kalt stellen.

3_ In der Zwischenzeit die Himbeeren pürieren und mit dem übrigen Zucker und 200 ml Wasser in einen Topf geben, aufkochen und bei mittlerer Hitzezufuhr köcheln lassen, bis sich der Zucker komplett aufgelöst hat. Den Zitronensaft unterrühren. Ein Sieb mit einem Küchentuch auslegen und den Sirup filtern.

4_ Die restliche Sahne mit dem Vanillezucker steif aufschlagen. Den Pudding stürzen und mit dem Sirup und der Vanillesahne servieren.

MILCHREIS MIT HIMBEER-RHABARBER-KOMPOTT

FÜR 4 PERSONEN

300 g Rhabarber
1 Vanilleschote
6 EL Zucker
150 g Himbeeren
800 ml Milch
200 g Rundkornreis
1 Prise Salz
½ TL Zitronenabrieb (unbehandelt)
100 g Sahne

ZUBEREITUNGSZEIT

ca. 50 Minuten

AUSKÜHLZEIT

30 Minuten

SOMMER
W H F
SÜSS & FRUCHTIG

1_ Den Rhabarber putzen und in etwa 1 cm breite Stücke schneiden. Die Vanilleschote der Länge nach aufschneiden und mit der Messerspitze das Vanillemark herauskratzen. Den Rhabarber mit der Hälfte des Vanillemarks, der ausgekratzten Vanilleschote, 3 EL Zucker und 3 EL Wasser in einen Topf geben. Aufkochen und bei geringer Hitze 10 Minuten köcheln lassen. Vom Herd nehmen, die Himbeeren vorsichtig untermengen und das Kompott auskühlen lassen.

2_ In der Zwischenzeit die Milch mit dem restlichen Vanillemark in einen Topf geben. Den Reis zugeben und einmal kräftig umrühren, damit die Reiskörner aufgelockert werden.

3_ Unter ständigem Rühren aufkochen und etwa 25 Minuten bei geringer Hitze köcheln lassen. Dabei regelmäßig umrühren. Vom Herd nehmen und den übrigen Zucker, das Salz sowie den Zitronenabrieb einrühren.

4_ Sollte der Milchreis zu dick sein, einfach noch etwas kalte Milch zugeben. Den Milchreis abkühlen lassen, dabei gelegentlich umrühren. Die Sahne steif aufschlagen und unter den abgekühlten Milchreis heben.

5_ In kleine Gläser oder Schalen füllen und mit etwas Himbeer-Rhabarber-Kompott servieren.

GRIESSBREI MIT APRIKOSEN-KIRSCH-KOMPOTT

FÜR 4 PERSONEN

6 Aprikosen
150 g Kirschen
1 EL Honig
1 EL frisch gepresster Zitronensaft
500 ml Milch
200 g Sahne
Abrieb von ½ unbehandelten Zitrone
50 g Zucker
40 g Weichweizengrieß
30 g Pistazien

ZUBEREITUNGSZEIT

ca. 40 Minuten

SOMMER — SÜSS & FRUCHTIG

1_ Die Aprikosen und die Kirschen halbieren und die Steine entfernen. Die Aprikosenhälften in kleine Würfel schneiden und mit dem Honig und 100 ml Wasser in einen Topf geben. Alles aufkochen und bei mittlerer Hitzezufuhr etwa 10 Minuten köcheln lassen, bis die Aprikosen weich sind. Mit dem Stabmixer fein pürieren und die Kirschen untermengen. Nochmals aufkochen und vom Herd nehmen. Die Pistazien in einer Pfanne ohne Fett anrösten, auskühlen lassen und hacken.

2_ Milch, Sahne, Zitronenabrieb und Zucker in einen Topf geben und aufkochen. Langsam den Weizengrieß einrühren und unter ständigem Rühren 5 Minuten bei mittlerer Hitzezufuhr köcheln lassen. Etwas abkühlen lassen und in Schalen oder auf Tellern anrichten. Das Aprikosen-Kirsch-Kompott auf den Grießbrei geben, die Pistazien darüberstreuen und servieren.

MANDEL-APRIKOSEN-KUCHEN MIT LAVENDELSCHMAND

FÜR 4 PERSONEN

200 g Butter (Raumtemperatur)
zzgl. etwas zum Einfetten
220 g Zucker
1 Päckchen Vanillezucker
200 g fein gemahlene Mandeln
4 Eier (Größe M)
120 g Weizenmehl (Type 550)
zzgl. etwas zum Bestäuben
Abrieb von ½ unbehandelten Zitrone
1 Prise Salz
600 g Aprikosen
2 EL gehackte Mandeln
½ TL Lavendelblüten
1 TL Zitronensaft
200 g Schmand
80 g Sahne

ZUBEREITUNGSZEIT

ca. 90 Minuten

SOMMER
W H F
SÜSS & FRUCHTIG

1_ Die Butter würfeln und in eine Schüssel geben. 200 g Zucker, Vanillezucker und gemahlene Mandeln zugeben. Mit dem Handrührgerät weißcremig aufschlagen. Nacheinander die Eier zugeben und jeweils so lange rühren, bis sie sich mit der Buttermasse verbunden haben. Dann das Mehl, den Zitronenabrieb und das Salz unter den Teig arbeiten. Eine Springform mit 24 cm Durchmesser mit Butter einfetten und mit Mehl bestäuben. Den Teig in die Form füllen.

2_ Den Backofen auf 180 °C vorheizen. Die Aprikosen halbieren, entsteinen und die Aprikosenhälften nochmals halbieren.

3_ Die Aprikosenviertel kreisförmig auf dem Teig verteilen. Mit den gehackten Mandeln bestreuen. Die Springform in den Ofen geben und den Kuchen etwa 60–70 Minuten backen.

4_ Den fertigen Kuchen aus dem Ofen nehmen, etwas abkühlen lassen, aus der Form nehmen und auf einem Kuchengitter auskühlen lassen.

5_ In der Zwischenzeit die Lavendelblüten mit dem übrigen Zucker, dem Zitronensaft und 3 EL Wasser zu einem dicken Sirup einkochen. Durch ein feines Sieb passieren und auskühlen lassen. Den Sirup unter den Schmand rühren. Die Sahne steif aufschlagen und unter den Lavendelschmand heben. Bis zur Verwendung kalt stellen.

KIRSCHTARTELETTES MIT SCHMANDGUSS

FÜR 8 PORTIONEN

130 g kalte Butter
150 g Weizenmehl (Type 550)
120 g gemahlene Mandeln
190 g Zucker
2 Eier (Größe M)
1 Eigelb
180 g Quark
150 g Schmand
2 Päckchen Vanillezucker
400 g Kirschen
Butter zum Einfetten
Puderzucker zum Bestäuben

ZUBEREITUNGSZEIT

ca. 80 Minuten

SOMMER
W H F
SÜSS & FRUCHTIG

1_ Für den Mürbeteig die kalte Butter in kleine Würfel schneiden. Das gesiebte Mehl, die gemahlenen Mandeln, 130 g Zucker, ein Ei und die Butterwürfel in eine große Schüssel geben und erst mit den Knethaken des Handrührgeräts, dann mit den Händen schnell zu einem glatten Teig verkneten. Den Teig in Klarsichtfolie wickeln und für 30 Minuten kalt stellen.

2_ In der Zwischenzeit den Backofen auf 180 °C vorheizen. Den restlichen Zucker mit dem zweiten Ei, dem Eigelb, dem Quark, dem Schmand und dem Vanillezucker in eine Schüssel geben und alles kräftig miteinander verrühren. Die Kirschen von den Stielen befreien, halbieren und entsteinen.

3_ Acht Tartelletteförmchen (ø 12 cm) mit etwas Butter ausfetten. Den Teig in acht gleich große Stücke teilen und fest in die Förmchen drücken. Dabei die Ränder gut andrücken. Den Teig mit einer Gabel mehrfach einstechen. Den Schmandguss in die Förmchen füllen und die Kirschen darauf verteilen. Für ca. 30 Minuten in den vorgeheizten Ofen geben und backen.

4_ Die fertigen Tartelettes aus dem Ofen nehmen, abkühlen lassen und aus den Förmchen stürzen. Mit etwas Puderzucker bestäuben und servieren.

HIMBEER-MANDEL-SCHMARREN

FÜR 4 PERSONEN

200 g Weizenmehl (Type 405)
1 Msp. Backpulver
60 g gemahlene Mandeln
5 Eier (Größe M)
250 ml Milch
Abrieb von ½ unbehandelten Zitrone
40 g feiner Zucker
200 g Himbeeren
3 EL Butter
2 EL Mandelblättchen
50 g Puderzucker
4 Minzzweige
Salz

ZUBEREITUNGSZEIT

ca. 40 Minuten

SOMMER
W H F
SÜSS & FRUCHTIG

1_ Den Ofen auf 180 °C vorheizen.

2_ Das Mehl in eine Schüssel sieben, mit dem Backpulver und den gemahlenen Mandeln vermengen. Die Eier trennen. Eigelb mit Milch und Zitronenabrieb zum Mehl geben und zu einem glatten Teig verrühren. Das Eiweiß in einer großen Schüssel zu festem Eischnee aufschlagen, dabei 1 Prise Salz und 30 g Zucker langsam einrieseln lassen.

3_ Den Eischnee vorsichtig unter den Teig heben. 100 g Himbeeren zugeben und ebenfalls vorsichtig unter den Teig mengen. 1 EL Butter in einer ofenfesten Pfanne zerlassen. Den Teig in die Pfanne geben und bei mittlerer Hitzezufuhr auf dem Herd 2 Minuten anbacken. Die Pfanne in den Ofen geben und etwa 10 Minuten fertig backen.

4_ Den Schmarren aus dem Ofen nehmen und mit zwei Gabeln vorsichtig in kleine Stücke reißen. Die übrige Butter in kleinen Flöckchen in die Pfanne geben und den Schmarren auf dem Herd goldbraun braten. Die Mandelblättchen zugeben, mit 30 g Puderzucker bestäuben und unter ständigem Wenden karamellisieren lassen.

5_ Den Schmarren auf Tellern anrichten, mit dem restlichen Puderzucker bestreuen und mit den Himbeeren und der Minze garnieren.

JOGHURTSMOOTHIE MIT HIMBEEREN

FÜR 4 PERSONEN

400 g Himbeeren
1 EL Honig
300 g Naturjoghurt (3,5 % Fett)
ca. 100 ml Milch
1 Päckchen Vanillezucker

ZUBEREITUNGSZEIT

ca. 10 Minuten

SOMMER
W
H
F
SAFT & CO.

1_ Die Himbeeren in einen Mixer geben und kurz mixen. Alternativ in ein hohes Gefäß geben und mit dem Pürierstab pürieren. Honig, Joghurt und Vanillezucker zugeben. Alles zusammen zu einer homogenen Masse aufmixen. Anschließend so viel Mich zugießen, bis eine cremig fließende Konsistenz entsteht. Den Smoothie in Gläser füllen und mit Strohhalm servieren.

HIMBEERBOWLE MIT MINZE UND HOLUNDER

FÜR 4 PERSONEN

500 g Himbeeren
1 unbehandelte Limette
3 EL feiner brauner Zucker
80 ml Wodka
4 Minzblätter
2 EL Holundersirup
300 ml gut gekühlter Weißwein
400 ml gut gekühlter Sekt
Minzstängel zum Garnieren

ZUBEREITUNGSZEIT

ca. 15 Minuten

MARINIERZEIT

2 Stunden

1_ Die Himbeeren in eine Bowleschüssel oder ein anderes hohes Glasgefäß geben. Die Schale der Limette dünn mit einem Sparschäler in breiten Streifen abschälen. Den Saft der Limette auspressen. Limettenschale, -saft und den Zucker zu den Himbeeren geben. Mit dem Wodka begießen, die Minzblätter zupfen, zugeben und alles miteinander vermengen. Abgedeckt im Kühlschrank etwa 2 Stunden ziehen lassen.

2_ Die marinierten Himbeeren aus dem Kühlschrank nehmen. Den Holundersirup unterrühren und den Weißwein und den Sekt aufgießen. Sofort in Gläser füllen, mit Minzezweigen garnieren und eiskalt genießen.

PFIRSICH-MINZ-EISTEE

FÜR 4 PERSONEN

4 Teebeutel mit schwarzem oder grünem Tee
2 reife Pfirsiche
2 EL frisch gepresster Zitronensaft
1 kleiner Bund Minze
1 EL klarer Honig

ZUBEREITUNGSZEIT

ca. 10 Minuten

ZIEH- UND KÜHLZEIT

6 Stunden

SOMMER
H W F
SAFT & CO.

1_ Für den Tee 1 l kaltes Wasser mit den Teebeuteln in ein hohes Gefäß geben und 3 Stunden ziehen lassen.

2_ Die Pfirsiche schälen, den Stein entfernen und die Pfirsichhälften in kleine Stücke schneiden. Die Teebeutel entfernen und die Pfirsichstücke, den Zitronensaft, zehn Minzblätter und den Honig in das Gefäß geben. Mit dem Stabmixer sehr fein mixen.

3_ Den Eistee in eine Flasche füllen und für 3 Stunden in den Kühlschrank stellen. Gläser mit Eiswürfeln füllen, jeweils einen Minzzweig hineingeben und den Pfirsich-Minz-Eistee einfüllen. Eiskalt genießen.

APFEL-
HOLUNDERBEEREN-SAFT

FÜR 4 PERSONEN

2 kg Holunderbeeren (ohne Stiele)
4 säuerliche Äpfel
Saft von 1 Zitrone
300 g Zucker je 1 l Saft

ZUBEREITUNGSZEIT

ca. 50 Minuten

ABTROPFZEIT

4 Stunden

1_ Die Holunderbeeren in ein Sieb geben und unter fließendem Wasser gründlich waschen.

2_ Die Äpfel vierteln, das Kerngehäuse entfernen und die Apfelviertel in dünne Scheiben schneiden. Die Beeren mit den Apfelscheiben und 800 ml Wasser in einen Topf geben und aufkochen. Etwa 15 Minuten bei mittlerer Hitzezufuhr köcheln lassen, bis alle Beeren aufgeplatzt und weich sind. Die Beeren mit einem Holzlöffel am Topfrand zerdrücken.

3_ Ein großes Sieb mit einem feuchten Küchentuch auslegen und auf eine große Schüssel setzen. Die Beeren-Apfel-Mischung auf das Tuch gießen und etwa 4 Stunden abtropfen lassen. Das Tuch nochmals kräftig ausdrücken und den Saft mit einem Messbecher abmessen. Den Saft zurück in den Topf geben. Je 1 l Saft nun 300 g Zucker und den Zitronensaft zugeben und aufkochen. Den Apfel-Holunder-Saft in sterile Glasflaschen einfüllen.

Holunder

HIMBEER-STACHELBEER-MARMELADE

FÜR CA. 1 KG MARMELADE

400 g Stachelbeeren
150 g Himbeeren
Saft von 1 Zitrone
40 ml Himbeergeist
500 g Gelier-Rohrzucker (1:1)

ZUBEREITUNGSZEIT

ca. 20 Minuten

1_ Die Stachelbeeren und die Himbeeren verlesen und mit dem Zitronensaft, dem Himbeergeist und dem Gelier-Rohrzucker in einem Topf vermischen. Unter Rühren aufkochen und 5 Minuten sprudelnd kochen lassen, dabei ständig weiterrühren.

2_ Die Himbeer-Stachelbeer-Marmelade in sterile Gläser füllen und sofort fest verschließen.

MIRABELLEN-ORANGEN-MARMELADE

FÜR 4 PERSONEN

1 kg Mirabellen
2 Vanilleschoten
Abrieb von 1 unbehandelten Orange
200 ml frisch gepresster Orangensaft
5 g Zitronensäure
1 kg Gelier-Rohrzucker (1:1)

ZUBEREITUNGSZEIT

ca. 20 Minuten

1_ Die Mirabellen waschen und entsteinen. Die Vanilleschoten der Länge nach aufschneiden und das Mark mit einer Messerspitze herauskratzen. Die Mirabellen mit dem Vanillemark, dem Orangenabrieb, dem Orangensaft, der Zitronensäure und dem Gelier-Rohrzucker in einen Topf geben. Alles miteinander vermischen. Unter Rühren aufkochen und 5 Minuten sprudelnd kochen lassen, dabei ständig weiterrühren. In sterile Gläser füllen und fest verschließen.

HERBST

Wärmende Suppen, heiße Getränke und gemütliche Abende vor dem Kamin – Kürbis, Kraut, Äpfel und Zwetschgen bringen uns in Herbststimmung.

SEITE 128–183

RAHMSPINAT MIT SPIEGELEIBROT

FÜR 4 PERSONEN

1 kg Blattspinat
100 g kleine Schalotten
1 Knoblauchzehe
3 EL Butter
2 EL Öl
150 g Sahne
4 große Scheiben Bauernbrot
8 Eier (Größe M)
frisch geriebene Muskatnuss
Salz, frisch gemahlener Pfeffer

ZUBEREITUNGSZEIT

ca. 40 Minuten

HERBST
W F S
ÜPPIGE BROTE

1_ Den Blattspinat putzen und dabei die harten Stiele entfernen. Den Spinat gründlich waschen, in ein Sieb geben und gut abtropfen lassen. Die Schalotten und die Knoblauchzehe schälen. Die Schalotten fein würfeln und die Knoblauchzehe fein hacken. 2 EL Butter in einem großen Topf zerlassen. Die Schalottenwürfel und den gehackten Knoblauch darin bei mittlerer Hitzezufuhr glasig andünsten. Die Hitzezufuhr reduzieren, den Spinat zugeben und unter Rühren zusammenfallen lassen. Die Sahne zugeben und etwa 3 Minuten kochen lassen. Mit Salz, Pfeffer und Muskatnuss würzen. Mit dem Pürierstab fein pürieren.

2_ Den Backofen auf 180 °C vorheizen. Die Brote mit der restlichen Butter bestreichen und im vorgeheizten Ofen etwa 3–4 Minuten anrösten. Das Öl auf zwei große Pfannen verteilen und erhitzen. Die Eier in die Pfannen geben und Spiegeleier ausbraten. Die Brote mit den Eiern belegen und mit etwas Salz und Pfeffer würzen. Den Rahmspinat mit den Broten auf Tellern anrichten und servieren.

ÜBERBACKENE RAHMCHAMPIGNONS AUF RÖSTBROT

FÜR 4 PERSONEN

250 g braune Champignons
1 Knoblauchzehe
8 kleine Scheiben Bauernbrot
1 EL Butter
2 EL Olivenöl
1 Thymianzweig
1 Rosmarinzweig
einige Spritzer Zitronensaft
100 g Sahne
1 EL fein gehackte glatte Petersilie
80 g Bergkäse
Salz, frisch gemahlener Pfeffer

ZUBEREITUNGSZEIT

ca. 35 Minuten

1_ Den Ofen auf 200 °C vorheizen. Die Champignons putzen und in Scheiben schneiden. Den Knoblauch schälen und in sehr feine Scheiben schneiden oder hobeln. Die Brotscheiben von beiden Seiten dünn mit Butter bestreichen und auf ein Backblech legen. Im vorgeheizten Ofen 4 Minuten anrösten, dabei die Brotscheiben nach 2 Minuten wenden. Anschließend den Ofen anlassen.

2_ Das Olivenöl in eine Pfanne geben und sanft erhitzen. Die Knoblauchscheiben in die Pfanne geben und in dem Olivenöl glasig andünsten. Die Hitzezufuhr erhöhen, Champignons und die Kräuterzweige zugeben und etwa 5 Minuten kräftig anbraten. Mit Zitronensaft, Salz und frisch gemahlenem Pfeffer würzen und die Sahne zugeben. Aufkochen und so lange köcheln lassen, bis die Sahne cremig eingekocht ist. Die Kräuterzweige entfernen. Die gehackte Petersilie unterrühren und die Rahmchampignons auf dem Röstbrot anrichten. Den Bergkäse reiben, die Brote damit bestreuen und im Ofen goldbraun überbacken.

ÜBERBACKENES CAMEMBERTBROT MIT PREISELBEEREN

FÜR 4 PERSONEN

100 g festkochende Kartoffeln
1 kleine Zwiebel
2 EL Öl
2 EL Butter
1 Rosmarinzweig
4 große Scheiben Bauernbrot
250 g Camembert
2 EL Preiselbeeren aus dem Glas
Salz, frisch gemahlener Pfeffer

ZUBEREITUNGSZEIT

ca. 45 Minuten

1_ Die Kartoffeln in kochendem Salzwasser garen. In der Zwischenzeit die Zwiebel schälen, halbieren und in feine Streifen schneiden. Das Öl in einer Pfanne erhitzen und die Zwiebelstreifen langsam goldbraun rösten. Aus der Pfanne nehmen und auf etwas Küchenpapier abtropfen lassen.

2_ Die Kartoffeln etwas auskühlen lassen, schälen und dann in sehr dünne Scheiben schneiden. 1 EL Butter in einer Pfanne zerlassen, einige abgezupfte Rosmarinnadeln zugeben und zwei Scheiben Bauernbrot darin von jeder Seite 1 Minute anbraten.

3_ Mit den beiden restlichen Brotscheiben ebenso verfahren.

4_ Den Backofen auf 200 °C vorheizen. Die Brotscheiben mit etwas Salz und Pfeffer würzen und auf ein mit Backpapier ausgelegtes Backblech legen. Den Camembert in acht gleich dicke Scheiben schneiden. Die Brote zuerst mit den Kartoffelscheiben belegen, darauf die Camembertscheiben verteilen. Im vorgeheizten Ofen überbacken, herausnehmen und mit je ½ EL Preiselbeeren und den gerösteten Zwiebeln belegt sofort servieren.

ZWIEBEL-RAHM-FLADEN

FÜR 4 PERSONEN

250 g Weizenmehl (Type 550)
100 g Roggenmehl
1 TL Salz
21 g frische Hefe
5 EL Olivenöl
2 mittelgroße Zwiebeln
300 g Schmand
200 g Magerquark
2 Eier (Größe M)
60 g Bergkäse
1 Bund Schnittlauch
Zucker, Salz, frisch gemahlener Pfeffer

ZUBEREITUNGSZEIT

ca. 45 Minuten

GEHZEIT

ca. 45 Minuten

HERBST
W F S
AUS DEM OFEN

1_ Das Mehl in eine große Schüssel sieben und mit 1 TL Salz vermengen. In die Mitte eine Mulde drücken. Die Hefe mit 1 Prise Zucker in 150 ml lauwarmem Wasser auflösen. Das Hefewasser mit 3 EL Olivenöl zum Mehl geben und alles miteinander verrühren. Den Teig aus der Schüssel nehmen und auf der Arbeitsfläche kneten, bis er glatt und geschmeidig ist. Den Teig zurück in die Schüssel geben, mit einem Küchentuch abdecken und an einem warmen Ort etwa 45 Minuten gehen lassen.

2_ Den Backofen auf 200 °C vorheizen. Die Zwiebeln schälen, halbieren und in Streifen schneiden. Das restliche Olivenöl erhitzen und die Zwiebelstreifen darin glasig andünsten. Aus der Pfanne nehmen und auf Küchenpapier abtropfen lassen. Den Schmand mit dem Magerquark verrühren. Die Eier zugeben und unterrühren. Mit Salz und Pfeffer abschmecken.

3_ Den Teig in vier gleich große Stücke teilen und zu dünnen Fladen ausrollen. Ein Backblech mit Backpapier auslegen und die Fladen daraufsetzen. Die Fladen mit der Schmand-Quark-Masse bestreichen. Die Zwiebeln darauf verteilen, den Bergkäse reiben und darüberstreuen. Die Fladen für etwa 20 Minuten im vorgeheizten Ofen knusprig backen. Den Schnittlauch in feine Röllchen schneiden. Die fertigen Rahmfladen aus dem Ofen nehmen und mit dem Schnittlauch bestreuen. Sofort servieren.

WEISSE PIZZA MIT KÜRBIS UND RUCOLA

FÜR 4 PERSONEN

250 g Weizenmehl (Type 550) zzgl. etwas zum Bestäuben
15 g frische Hefe
4 EL Olivenöl
150 g Büffelmozzarella
200 g Schmand
50 g Parmesan
2 EL glatte Petersilie
250 g entkernter Hokkaido
1 mittelgroße Zwiebel
½ Bund Rucola
Salz, frisch gemahlener Pfeffer
Olivenöl zum Einfetten

ZUBEREITUNGSZEIT

ca. 40 Minuten

GEHZEIT

2 Stunden

1_ Das Mehl auf die Arbeitsfläche sieben und ½ TL Salz darüberstreuen. In die Mitte eine Mulde drücken. Die Hefe in 120 ml lauwarmem Wasser verrühren und in die Mulde gießen. 2 EL Olivenöl zugeben und alles zu einem glatten, geschmeidigen Teig verkneten. Den Teig in eine Schüssel geben, mit einem Küchentuch bedecken und an einem warmen Ort etwa 2 Stunden gehen lassen, bis er sein Volumen verdoppelt hat.

2_ Den Mozzarella fein würfeln und auf Küchenpapier abtropfen lassen. Den Parmesan fein reiben und die Petersilie fein hacken. Schmand, Parmesan und Petersilie verrühren und mit Salz und Pfeffer würzen.

3_ Den Kürbis in 1 cm dicke Spalten schneiden. Das restliche Olivenöl in einer Pfanne erhitzen und die Kürbisspalten darin etwa 5 Minuten anbraten. Die Zwiebel schälen, halbieren und in feine Streifen schneiden. Den Rucola putzen, waschen und in einem Sieb abtropfen lassen.

4_ Den Backofen auf 220 °C vorheizen. Die Arbeitsfläche mit etwas Mehl bestäuben, den Teig darauf ausrollen und auf ein mit Olivenöl gefettetes Backblech legen. Den Teig mit dem Schmand bestreichen und mit den Mozzarellawürfeln bestreuen.

5_ Die Kürbisspalten und die Zwiebelstreifen auf der Pizza verteilen, mit etwas Salz und Pfeffer würzen. Im Ofen in etwa 20 Minuten knusprig backen. Die Pizza aus dem Ofen nehmen und mit dem Rucola bestreut servieren.

MINI-FLAMMKUCHEN MIT BIRNE UND SPITZKOHL

FÜR 4 PERSONEN

10 g frische Hefe
½ TL Zucker
300 g Weizenmehl (Type 550)
zzgl. etwas zum Bestäuben
4 EL Öl
100 g Spitzkohl (ohne Strunk)
1 kleine Zwiebel
½ TL Kümmelsaat
1 Birne
150 g Schmand
80 g Bergkäse
Salz, frisch gemahlener Pfeffer

ZUBEREITUNGSZEIT

ca. 50 Minuten

GEHZEIT

120 Minuten

HERBST
W F S
AUS DEM OFEN

1_ Die Hefe zerbröseln und mit dem Zucker in eine kleine Schale geben. Mit 150 ml lauwarmem Wasser verrühren. Das Mehl in eine Schüssel sieben und mit dem Hefewasser, 2 EL Öl und etwas Salz gut verrühren. Auf der bemehlten Arbeitsfläche zu einem glatten Teig verarbeiten. Den Teig zurück in die Schüssel geben, mit einem Küchentuch bedecken und an einem warmen Ort etwa 2 Stunden gehen lassen.

2_ Den Spitzkohl in feine Streifen schneiden. Die Zwiebel schälen, halbieren und fein würfeln. Das restliche Öl in einer Pfanne erhitzen und die Zwiebelwürfel darin andünsten. Die Spitzkohlstreifen zugeben und kräftig anbraten.

3_ Den Kümmel zugeben und mit etwas Salz und Pfeffer würzen. Die Birne vierteln und den Stiel sowie das Kerngehäuse entfernen. Die Birnenviertel in dünne Scheiben schneiden.

4_ Den Ofen auf 200 °C vorheizen. Aus dem Flammkuchenteig zwölf gleich große Kugeln formen und auf der mit Mehl bestäubten Arbeitsfläche ausrollen. Mit dem Schmand bestreichen und den gebratenen Spitzkohl darauf verteilen. Die Birnenscheiben auf den Spitzkohl legen, den Bergkäse reiben und die Flammkuchen damit bestreuen. Die Mini-Flammkuchen auf ein mit Backpapier ausgelegtes Backblech setzen und für etwa 15–20 Minuten im Ofen knusprig backen.

KARTOFFEL- UND KÜRBISPOMMES MIT SELBST GEMACHTER KRÄUTERMAYO

FÜR 4 PERSONEN

2 Eigelb (Größe M)
1 TL Senf
250 ml Sonnenblumenöl
1 EL fein gehackte glatte Petersilie
1 EL fein gehackter Kerbel
1 EL Zitronensaft
1 TL Kürbiskerne
4 große festkochende Kartoffeln
400 g entkernter Hokkaido
3 EL Olivenöl
Salz, frisch gemahlener Pfeffer

ZUBEREITUNGSZEIT

ca. 50 Minuten

HERBST
W F S
AUS DEM OFEN

1_ Eigelb und Senf in einen hohen Becher geben und mit dem Stabmixer kurz durchmixen. Langsam das Öl zugießen und dabei ständig weitermixen, bis eine homogene, cremige Masse entsteht. Die Kräuter zugeben und nochmals kurz durchmixen. Mit dem Zitronensaft, Salz und Pfeffer abschmecken. Die Kürbiskerne in einer Pfanne ohne Öl rösten, sehr fein hacken und unter die Kräutermayonnaise mengen.

2_ Den Backofen auf 200 °C vorheizen. Die Kartoffeln schälen. Den Kürbis und die Kartoffeln in etwa 1 cm dicke Stäbchen schneiden. In eine große Schüssel geben und mit dem Olivenöl marinieren. Ein Backblech mit Backpapier auslegen und die Stäbchen darauf verteilen. Mit etwas Salz würzen und für etwa 30 Minuten in den vorgeheizten Ofen geben.

3_ Die Pommes in Papiertüten füllen, jeweils etwas Kräutermayo daraufgeben und sofort genießen.

SELLERIE-APFEL-CREMESUPPE MIT RÖSTBROT

FÜR 4 PERSONEN

600 g Knollensellerie
1 mittelgroße Zwiebel
2 kleine rote Äpfel
2 EL frisch gepresster Zitronensaft
2 EL Öl
1 EL fein geschnittener Majoran
1200 ml klare Gemüsebrühe
100 g Schmand
2 Scheiben Bauernbrot
1 EL Butter
Salz, frisch gemahlener Pfeffer

ZUBEREITUNGSZEIT

ca. 30 Minuten

HERBST
W F S
SUPPE

1_ Den Knollensellerie schälen und grob würfeln. Die Zwiebel schälen, halbieren und in Streifen schneiden. Die Äpfel vierteln und entkernen. Zwei Apfelviertel in feine Stifte schneiden und mit 1 EL Zitronensaft beträufeln. Den Rest grob würfeln.

2_ Das Öl in einem großen Topf erhitzen und die Zwiebelstreifen darin glasig andünsten. Die Sellerie- und die Apfelwürfel zugeben und ebenfalls andünsten. Den übrigen Zitronensaft und den Majoran zugeben und die klare Gemüsebrühe angießen.

3_ Aufkochen und bei mittlerer Hitzezufuhr etwa 15 Minuten köcheln lassen, bis der Sellerie weich ist. Die Suppe mit dem Mixstab fein pürieren. Den Schmand unterrühren und mit etwas Salz und Pfeffer abschmecken. Die Bauernbrotscheiben in Würfel schneiden. Die Butter in einer Pfanne erhitzen, die Brotwürfel zugeben und knusprig anrösten. Die Suppe in Tellern anrichten und mit den Apfelstiften sowie den Röstbrotwürfeln bestreuen.

KÜRBIS-ORANGEN-CREMESUPPE

FÜR 4 PERSONEN

800 g Hokkaido
1 mittelgroße Zwiebel
1 kleine rote Chilischote
10 g Ingwer
1 EL Butter
1 EL Olivenöl
1 TL Currypulver
600 ml klare Gemüsebrühe
2 unbehandelte Orangen
1 Frühlingszwiebel
100 g Sahne
Salz, frisch gemahlener Pfeffer

ZUBEREITUNGSZEIT

ca. 35 Minuten

1_ Den Kürbis halbieren und den Stiel sowie die Kerne entfernen. Das Fruchtfleisch grob würfeln. Die Zwiebel schälen, halbieren und in feine Streifen schneiden. Die Chilischote der Länge nach halbieren und den Stiel und die Kerne entfernen. Die Chilihälften in dünne Streifen schneiden. Den Ingwer schälen und fein hacken.

2_ Die Butter und das Olivenöl in einem großen Topf erhitzen und die Zwiebelstreifen darin glasig andünsten. Den gehackten Ingwer, die Chilistreifen und den Kürbis zugeben und 2 Minuten kräftig anbraten. Mit dem Currypulver bestäuben und mit der Gemüsebrühe ablöschen. Die Schale von einer Orange abreiben und den Saft beider Orangen auspressen. Saft und Schale in die Suppe geben, aufkochen und etwa 12 Minuten bei mittlerer Hitzezufuhr köcheln lassen, bis der Kürbis weich ist.

3_ In der Zwischenzeit die Frühlingszwiebel putzen und in feine Ringe schneiden. Die Suppe mit dem Pürierstab fein mixen. Die Sahne zugeben und nochmals aufkochen. Mit etwas Salz und Pfeffer würzen. Die Suppe in Schalen oder Suppenteller füllen und mit den Frühlingszwiebeln bestreuen.

ROTE LINSENSUPPE MIT JOGHURT

FÜR 4 PERSONEN

1 Zwiebel
1 Karotte
1 Tomate
1 rote Paprika
1 Knoblauchzehe
2 EL Olivenöl
300 g rote Linsen
1 EL Tomatenmark
1 ½ l klare Gemüsebrühe
2 EL Zitronensaft
4 EL griechischer Joghurt (10 % Fett)
2 EL fein gehackte glatte Petersilie
Salz, frisch gemahlener Pfeffer

ZUBEREITUNGSZEIT

ca. 45 Minuten

HERBST
SUPPE

1_ Die Zwiebel schälen, halbieren und fein würfeln. Die Karotte putzen und ebenfalls fein würfeln. Die Tomate vierteln, entkernen und die Tomatenviertel in kleine Würfel schneiden. Die Paprika vierteln, den Strunk und die Kerne entfernen. Die Paprikaviertel ebenfalls fein würfeln. Die Knoblauchzehe schälen und fein hacken. Das Olivenöl in einem großen Topf erhitzen und die Gemüsewürfel und den gehackten Knoblauch darin andünsten.

2_ Die roten Linsen in den Topf geben und ebenfalls kurz andünsten. Das Tomatenmark zugeben und unterrühren. Mit der klaren Gemüsebrühe ablöschen und ca. 25 Minuten bei mittlerer Hitzezufuhr köcheln lassen, bis das Gemüse und die Linsen weich sind.

3_ Die Suppe mit dem Mixstab fein pürieren, noch mal 5 Minuten leicht köcheln lassen. Mit Salz, Pfeffer und dem Zitronensaft abschmecken. Die Suppe in Schalen oder Tellern anrichten und jeweils 1 EL Joghurt hineingeben. Mit der Petersilie bestreuen und servieren.

KARTOFFELEINTOPF MIT WEISSEN UND GRÜNEN BOHNEN

FÜR 4 PERSONEN

80 g getrocknete weiße Bohnen
1 Lorbeerblatt
400 g festkochende Kartoffeln
300 g Buschbohnen
1 große Zwiebel
2 Knoblauchzehen
2 EL Olivenöl
1200 ml klare Gemüsebrühe
2 EL fein geschnittener Oregano
2 EL frisch geriebener Parmesan
Salz, frisch gemahlener Pfeffer

ZUBEREITUNGSZEIT

ca. 60 Minuten

1_ Die weißen Bohnen über Nacht in reichlich Wasser einlegen. Am nächsten Tag die Bohnen abgießen und in kochendem Salzwasser unter Beigabe des Lorbeerblatts etwa 30 Minuten garen, anschließend in ein Sieb abgießen.

2_ In der Zwischenzeit die Kartoffeln schälen und in etwa 1 cm große Würfel schneiden. Die Buschbohnen putzen und in etwa 2 cm große Stücke schneiden. In kochendem Salzwasser 3 Minuten garen, in ein Sieb abgießen und mit kaltem Wasser abkühlen.

3_ Die Zwiebel und den Knoblauch schälen. Die Zwiebel halbieren und in feine Streifen schneiden. Den Knoblauch fein hacken. Das Olivenöl in einem großen Topf erwärmen und die Zwiebelstreifen und den gehackten Knoblauch darin andünsten. Die Kartoffelwürfel zugeben und mit der klaren Gemüsebrühe ablöschen. Etwa 10 Minuten köcheln lassen, bis die Kartoffeln weich sind. Die weißen und grünen Bohnen sowie den Oregano zugeben und den Eintopf bei schwacher Hitze weitere 10 Minuten ziehen lassen. Mit Salz und Pfeffer abschmecken. In Schalen füllen, mit dem Parmesan bestreuen und servieren.

KARTOFFEL-KRAUT-RÖSTI MIT BERGKÄSE

FÜR 4 PERSONEN

250 g eingelegtes Sauerkraut
350 g mehligkochende Kartoffeln
100 g Bergkäse
150 ml Milch
80 g Weizenmehl (Type 405)
1 Ei (Größe M)
1 EL fein gehackte glatte Petersilie
150 g Magerquark
100 g Schmand
1 TL frisch gepresster Zitronensaft
2 EL fein geschnittener Schnittlauch
3 EL Obstessig
5 EL klare Gemüsebrühe
2 EL Olivenöl
2 EL Sonnenblumenkerne
2 EL Öl
150 g Feldsalat
Zucker, Salz, frisch gemahlener Pfeffer

ZUBEREITUNGSZEIT

ca. 50 Minuten

HERBST
SATTMACHER

1_ Das Sauerkraut in ein Sieb geben, mit kaltem Wasser kurz abspülen und gut abtropfen lassen. Dann mit den Händen kräftig ausdrücken. Das ausgedrückte Kraut grob hacken. Die Kartoffeln schälen und fein reiben. Die Flüssigkeit ebenfalls gut ausdrücken und unter das Sauerkraut mischen. Den Bergkäse fein reiben und untermischen. Die Milch mit dem Mehl verrühren und das Ei untermengen. Die Sauerkraut-Kartoffel-Masse mit der Petersilie in die Mehlmasse geben und gut vermengen. Mit Salz und Pfeffer würzen. Aus der Masse kleine Rösti formen und zur Seite stellen.

2_ Den Quark mit dem Schmand verrühren und mit Salz und Pfeffer sowie dem Zitronensaft abschmecken. Den Schnittlauch zugeben und unterrühren. Aus dem Obstessig, der Gemüsebrühe und dem Olivenöl ein Dressing rühren. Mit Salz, Pfeffer und etwas Zucker abschmecken. Die Sonnenblumenkerne in einer Pfanne ohne Fett anrösten. Das Öl in einer großen Pfanne erhitzen und die Krautrösti darin von jeder Seite etwa 2 Minuten knusprig anbraten. Den Feldsalat putzen, mit dem Dressing marinieren und auf Tellern verteilen. Die gerösteten Sonnenblumenkerne darüberstreuen. Die Kartoffel-Kraut-Rösti auf den Tellern anrichten und mit dem Schnittlauchquark servieren.

KOHLROULADEN MIT KAROTTEN UND BERGKÄSE GEFÜLLT

FÜR 4 PERSONEN

8 große Wirsingblätter
800 g Karotten
½ Porreestange
1 mittelgroße Zwiebel
50 g Butter
250 ml Gemüsebrühe
60 g Bergkäse
2 EL fein gehackte glatte Petersilie
40 g Haselnüsse
2 EL Schmand
Salz, frisch gemahlener Pfeffer

ZUBEREITUNGSZEIT

ca. 60 Minuten

1_ Die Wirsingblätter in kochendem Salzwasser 3 Minuten garen, in ein Sieb abgießen und mit kaltem Wasser abschrecken. Die Karotten putzen und in etwa 1 cm große Würfel schneiden. Den Porree putzen, der Länge nach halbieren, in dünne Streifen schneiden und waschen. In einem Sieb abtropfen lassen. Die Zwiebel schälen, halbieren und fein würfeln.

2_ Die Hälfte der Butter in einem Topf schmelzen und die Zwiebel, den Porree und die Karotten darin andünsten. Mit 100 ml Gemüsebrühe ablöschen, aufkochen und das Gemüse etwa 5 Minuten köcheln lassen. Das Gemüse in eine Schüssel geben und auskühlen lassen.

3_ Den Backofen auf 180 °C vorheizen. Den Bergkäse fein reiben. Die Wirsingblätter auf einem Küchentuch trocken tupfen. Das Gemüse mit dem Bergkäse und der Petersilie vermengen, mit etwas Salz und Pfeffer würzen und auf der Mitte der Wirsingblätter verteilen. Die Seiten der Blätter einschlagen und zusammenrollen.

4_ Die Rouladen mit der Naht nach unten in einen Bräter setzen. Die übrige Butter flöckchenweise darauf verteilen und mit der restlichen Brühe begießen. Für etwa 15 Minuten in den Ofen geben. In der Zwischenzeit die Haselnüsse hacken und in einer Pfanne ohne Fett leicht anrösten. Die Rouladen aus dem Ofen nehmen und auf Tellern anrichten. Den Schmorfond darübergießen und jeweils einen Klecks Schmand auf die Rouladen setzen. Mit den gerösteten Haselnüssen bestreuen und servieren.

KÜRBISGNOCCHI MIT KÜRBISKERN-SCHWARZWURZEL-GEMÜSE

FÜR 4 PERSONEN

500 g entkernter und geschälter Kürbis
350 g Weichweizengrieß
150 g Weizenmehl (Type 405)
zzgl. etwas zum Bestäuben
3 Eigelb
1 kg Schwarzwurzeln
2 EL frisch gepresster Zitronensaft
1 Zwiebel
1 EL Kürbiskerne
30 g Butter
200 ml Gemüsebrühe
5 Salbeiblätter
50 g Parmesan
Salz, frisch gemahlener Pfeffer

ZUBEREITUNGSZEIT

ca. 80 Minuten

1_ Den Ofen auf 150 °C vorheizen. Den Kürbis grob würfeln und in kochendem Salzwasser bissfest garen. In ein Sieb abgießen und gut abtropfen lassen. Die Kürbiswürfel auf ein mit Backpapier ausgelegtes Backblech verteilen und im Ofen 10 Minuten ausdämpfen lassen.

2_ Den Weichweizengrieß mit dem Mehl und ½ TL Salz in einer großen Schüssel vermischen. Den Kürbis aus dem Ofen nehmen und durch eine Kartoffelpresse drücken. Mit dem Eigelb in die Schüssel geben und alles miteinander zu einem glatten Teig verarbeiten. Den Teig etwa 30 Minuten ruhen lassen.

3_ Die Schwarzwurzeln unter fließendem Wasser gründlich waschen. Den Zitronensaft in eine große Schüssel geben und 1 ½ l kaltes Wasser zugeben. Die Schwarzwurzeln schälen, jede geschälte Wurzel nochmals direkt unter fließendem Wasser abspülen und dann in die Schüssel geben. Die Schwarzwurzeln schräg in etwa 3–4 cm lange Stücke schneiden und wieder in das Zitronenwasser legen.

4_ Die Zwiebel schälen, halbieren und in dünne Streifen schneiden. Die Kürbiskerne grob hacken und in einer Pfanne ohne Fett etwas anrösten. Die Hälfte der Butter in eine Pfanne geben und schmelzen. Die Zwiebelstreifen in die Pfanne geben und andünsten. Die Schwarzwurzeln zugeben und anbraten. Mit der Gemüsebrühe ablöschen und köcheln lassen, bis die Schwarzwurzeln noch leichten Biss haben. Die Kürbiskerne untermengen und mit etwas Salz und Pfeffer würzen.

5_ In einem großen Topf reichlich Salzwasser zum Kochen bringen. Die Arbeitsfläche mit etwas Mehl bestäuben. Den Gnocchiteig in drei Teile teilen. Jeden Teil zu einer Rolle mit etwa 1 ½ cm Durchmesser ausrollen und 2 cm lange Stücke herunterschneiden. Die Gnocchi ins kochende Salzwasser geben, die Hitzezufuhr reduzieren und köcheln lassen, bis die Gnocchi an der Oberfläche schwimmen. Den Herd ausschalten und die Gnocchi noch 5 Minuten im Topf ziehen lassen. Vorsichtig herausheben und in einer Schüssel mit kaltem Wasser abschrecken. In ein Sieb abgießen und abtropfen lassen. Die übrige Butter in einer Pfanne erhitzen und die Gnocchi darin anbraten. Die Salbeiblättchen zugeben und kurz mitbraten. Den Parmesan reiben. Das Schwarzwurzelgemüse zu den Gnocchi geben und alles gut durchschwenken. Auf Tellern anrichten und mit dem Parmesan bestreuen.

SELLERIESCHNITZEL MIT ZITRONENREMOULADE

FÜR 4 PERSONEN

800 g Knollensellerie (möglichst kleine Knollen)
3 EL Weizenmehl (Type 405)
2 EL fein gehackte glatte Petersilie
2 Eier (Größe M)
2 EL Sahne
100 g Semmelbrösel
120 g Mayonnaise
1 TL Senf
Saft und Abrieb von ½ unbehandelten Zitrone
1 Schalotte
1 Gewürzgurke
1 EL fein geschnittener Schnittlauch
4 EL Öl
Salz, frisch gemahlener Pfeffer

ZUBEREITUNGSZEIT

ca. 30 Minuten

1_ Den Sellerie schälen und in etwa 1 ½ cm dicke Scheiben schneiden. Die Selleriescheiben in kochendem Salzwasser etwa 6–8 Minuten bissfest garen. In ein Sieb abgießen, mit kaltem Wasser abspülen und abtropfen lassen. Das Mehl mit der Petersilie auf einem großen Teller vermischen. Die Eier in eine große Schüssel aufschlagen und mit der Sahne verquirlen. Die Semmelbrösel auf einem großen Teller verteilen.

2_ Die Mayonnaise in eine Schüssel geben. Den Senf, die Zitronenschale und den Zitronensaft zugeben und alles gut miteinander verrühren. Die Schalotte schälen. Die Gewürzgurke und die Schalotte sehr fein würfeln. Die Würfelchen mit dem Schnittlauch unter die Mayonnaise rühren und alles mit etwas Salz und Pfeffer abschmecken.

3_ Die Selleriescheiben mit etwas Salz und Pfeffer würzen. Die Scheiben zuerst im Mehl wenden, dann im Ei und zuletzt in den Semmelbröseln. Das Öl in einer großen Pfanne erhitzen und die Scheiben von beiden Seiten goldbraun ausbacken. Aus der Pfanne nehmen und auf etwas Küchenpapier abtropfen lassen. Die Sellerieschnitzel auf kleinen Tellern anrichten und mit der Zitronenremoulade servieren.

TOFU-PILZ-STROGANOFF

FÜR 4 PERSONEN

300 g Bandnudeln
400 g Tofu
2 Schalotten
1 Knoblauchzehe
300 g braune Champignons
3 EL Olivenöl
100 ml Gemüsebrühe
100 g Sauerrahm
½ EL Senf
½ EL Tomatenmark
1 TL frisch gepresster Zitronensaft
1 EL Butter
1 EL fein gehackte glatte Petersilie
Salz, frisch gemahlener Pfeffer

ZUBEREITUNGSZEIT

ca. 60 Minuten

1_ Die Bandnudeln in kochendem Salzwasser nach Packungsangabe bissfest garen, in ein Sieb abgießen und abtropfen lassen. In der Zwischenzeit den Tofu in dünne Streifen schneiden. Die Schalotten und den Knoblauch schälen. Die Schalotten halbieren und in feine Streifen schneiden, den Knoblauch fein hacken. Die Champignons putzen und in etwa 5 mm dünne Scheiben schneiden.

2_ In einer großen Pfanne 1 EL Olivenöl erhitzen und den Tofu darin etwa 5 Minuten unter Wenden anbraten, bis er eine leichte Bräunung bekommt. Den Tofu auf einen Teller geben und bis zur weiteren Verwendung mit Alufolie abdecken.

3_ Das restliche Olivenöl in einem Topf erhitzen und die Schalottenstreifen und den Knoblauch darin glasig andünsten. Die Pilze zugeben und kräftig anbraten. Mit der Brühe ablöschen, aufkochen und etwa 6 Minuten köcheln lassen, um die Flüssigkeit zu reduzieren. Sauerrahm, Senf und Tomatenmark verrühren. Die Mischung unter die Pilze rühren und einmal aufkochen. Den Tofu zugeben und nochmals 5 Minuten bei geringer Hitzezufuhr köcheln lassen. Mit Zitronensaft, Salz und frisch gemahlenem Pfeffer würzen.

4_ Die Butter in einer Pfanne zerlassen und die Nudeln darin schwenken. Das Tofu-Pilz-Stroganoff mit den Butternudeln auf Tellern anrichten und mit der Petersilie bestreuen.

KÄSEMAKKARONI MIT GERÖSTETEN SONNENBLUMENKERNEN

FÜR 4 PERSONEN

60 g Sonnenblumenkerne
300 g kurze Makkaroni
100 g Karotte
1 kleine Zwiebel
2 Knoblauchzehen
2 EL Olivenöl
200 ml Gemüsebrühe
½ EL Maisstärke
150 g Sahne
80 g Parmesan
2 EL Semmelbrösel
80 g Emmentaler
frisch geriebene Muskatnuss
Salz, frisch gemahlener Pfeffer

ZUBEREITUNGSZEIT

ca. 45 Minuten

1_ Die Sonnenblumenkerne in einer Pfanne ohne Fett etwas anrösten. Die Makkaroni in kochendem Salzwasser bissfest garen und in ein Sieb abgießen.

2_ In der Zwischenzeit die Karotte schälen und fein raspeln. Die Zwiebel und die Knoblauchzehen schälen. Die Zwiebel halbieren und fein würfeln. Den Knoblauch fein hacken. Das Olivenöl in einer großen Pfanne erhitzen und die Zwiebelwürfel und den gehackten Knoblauch darin glasig andünsten. Mit der Gemüsebrühe ablöschen, die geraspelten Karotten zugeben und etwa 5 Minuten köcheln lassen.

3_ Den Ofen auf 220 °C vorheizen. Die Sahne zur Brühe gießen und die Sauce aufkochen. Die Maisstärke mit 2 EL Wasser glattrühren und in die kochende Sahnesauce rühren. Nochmals aufkochen und mit Salz, Pfeffer und Muskatnuss abschmecken. Den Parmesan reiben. Die Nudeln und die gerösteten Sonnenblumenkerne zugeben, den Parmesan darüberstreuen und mit der Sauce vermengen. Alles in eine Auflaufform geben. Den Emmentaler reiben, mit den Semmelbröseln mischen und über den Auflauf streuen. Etwa 8 Minuten im vorgeheizten Ofen überbacken.

STOCKBROT MIT SELBST GETROCKNETEN TOMATEN

FÜR 4 PERSONEN

200 g gelbe und rote Kirschtomaten
3 EL Olivenöl
200 g Schafskäse
500 g Weizenmehl (Type 550)
20 g frische Hefe
1 TL gehackter Rosmarin
Salz, Zucker

ZUBEREITUNGSZEIT

ca. 30 Minuten

TROCKENZEIT

ca. 6 Stunden

GEHZEIT

60 Minuten

HERBST
W F S
AM FEUER

1_ Den Backofen auf 90 °C vorheizen. Die Tomaten halbieren, in eine Schüssel geben und mit 2 EL Olivenöl marinieren. Mit etwas Salz und 1 Prise Zucker würzen. Auf einem mit Backpapier ausgelegten Backblech verteilen. Die Tomaten für etwa 5–6 Stunden in den vorgeheizten Ofen geben und trocknen. Vier bis sechs dicke Stöcke entrinden und 2 Stunden in einen Eimer mit Wasser stecken.

2_ Den Schafskäse in kleine Würfel schneiden. Das Mehl in eine Schüssel sieben und eine Mulde hineindrücken. Die Hefe fein zerbröseln und mit 1 Prise Zucker in die Mulde geben. Mit 250 ml lauwarmem Wasser verrühren und mit etwas Mehl vom Rand vermischen. Den Teig an einem warmen Ort etwa 30 Minuten gehen lassen.

3_ Den Kamin oder das Lagerfeuer anfeuern. Den Vorteig mit dem restlichen Olivenöl, 1 TL Salz sowie dem Rosmarin zu einem geschmeidigen Teig verkneten. Die getrockneten Kirschtomaten halbieren. Die Käsewürfel und die Kirschtomaten unterkneten. Den Teig wieder zudecken und weitere 30 Minuten gehen lassen. Anschließend jeweils eine Handvoll Teig zu einem Strang formen. Die Teigstränge um die Stöcke wickeln und unter ständigem Wenden nahe einer starken Glut 15–20 Minuten garen.

BRATAPFEL MIT PREISELBEER-VANILLE-SAUCE

FÜR 4 PERSONEN

300 ml Milch
3 EL Zucker
Mark von 1 Vanilleschote
3 Eigelb
2 EL Preiselbeeren
100 g gegarte, geschälte Maronen
1 Päckchen Vanillezucker
Abrieb von 1 unbehandelten Orange
30 g gehackte Mandeln
40 g Marzipanrohmasse
2 EL Schmand
1 Msp. Zimtpulver
4 große rote Äpfel
(z. B. Boskoop oder Grafensteiner)

ZUBEREITUNGSZEIT

ca. 60 Minuten

HERBST
W F S
AM FEUER

1_ Den Kamin oder das Feuer anfeuern oder den Backofen auf 200 °C vorheizen. Milch, Zucker und Vanillemark in einen Topf geben, aufkochen und vom Herd nehmen. Das Eigelb in eine Schüssel geben und mit dem Handrührgerät schaumig aufschlagen. Die Milch langsam zugießen und die Masse zurück in den Topf geben. Nun bei mittlerer Hitzezufuhr mit dem Handrührgerät weiterschlagen, bis eine leicht cremige Konsistenz entsteht. Die Sauce darf nicht aufkochen! Sofort vom Herd nehmen und durch ein Haarsieb passieren. Die Preiselbeeren unterrühren und die Vanillesauce kalt stellen.

2_ Die Maronen in ein hohes Gefäß geben und mit dem Stabmixer fein pürieren. Das Maronenpüree in eine Schüssel geben und mit dem Vanillezucker, dem Orangenabrieb, den gehackten Mandeln, dem Marzipan und dem Schmand verkneten. Die Füllmasse mit etwas Zimt abschmecken. Das Kerngehäuse der Äpfel großzügig ausstechen und mit der Masse füllen.

3_ In eine Metallform (z. B. Kuchenform) setzen und an der Kaminglut oder dem heruntergebrannten Lagerfeuer oder notfalls im Backofen langsam garen. Dabei die Form ab und zu drehen. Sollten die Äpfel zu viel Hitze bekommen, mit etwas Alufolie abdecken.

HEISSER APFELPUNSCH MIT SAHNEHAUBE – DIE KINDERVERSION

FÜR 4 PERSONEN

100 g Sahne
1 l klarer Apfelsaft
3 Gewürznelken
Abrieb von ½ Orange (unbehandelt)
1 Zimtstange
1 roter Apfel
1 EL Honig
Zimtpulver zum Bestäuben

ZUBEREITUNGSZEIT

ca. 20 Minuten

1_ Die Sahne mit dem Handrührgerät steif aufschlagen und kalt stellen. Den Apfelsaft in einen Topf geben, die Gewürznelken, den Orangenabrieb und die Zimtstange zugeben und aufkochen. Durch ein Sieb passieren und wieder in den Topf geben.

2_ Den Apfel vierteln und entkernen. Die Apfelviertel in kleine Würfel schneiden. Die Apfelwürfel in den Punsch geben und 5 Minuten ziehen lassen. Den Honig einrühren. Den Punsch in Tassen oder Gläser füllen und jeweils 1–2 EL geschlagene Sahne daraufgeben. Mit etwas Zimt bestäuben.

HEISSER APFELPUNSCH MIT CALVADOS – DIE ERWACHSENENVERSION

FÜR 4 PERSONEN

1 TL Zimt
2 EL Zucker
100 g Sahne
1 l naturtrüber Apfelsaft
3 Gewürznelken
1 Zimtstange
4 EL Calvados
4 eingelegte Kirschäpfel aus der Dose

ZUBEREITUNGSZEIT

ca. 20 Minuten

1_ Den Zimt mit dem Zucker vermischen. Etwas davon zum Bestäuben zur Seite stellen. Die Sahne mit dem Handrührgerät aufschlagen und dabei die Zimt-Zucker-Mischung einrieseln lassen. Die Zimtsahne kalt stellen.

2_ Den Apfelsaft mit den Gewürznelken und der Zimtstange in einen Topf geben und aufkochen. Den Calvados zugeben und vom Herd nehmen. Die Kirschäpfel in Tassen oder Gläser geben und den Punsch einfüllen. Jeweils 1–2 EL Zimtsahne auf den Punsch geben und mit etwas Zimtzucker bestreuen.

TOPFENKNÖDEL MIT QUITTENKOMPOTT

FÜR 4 PERSONEN

300 g Quark
25 g weiche Butter
2 EL Puderzucker
1 Ei (Größe M)
1 Eigelb
½ TL Zitronenabrieb (unbehandelt)
Mark von ½ Vanilleschote
100 g Toastbrot
50 g gemahlene Mandeln
30 g Semmelbrösel
50 g Zucker
600 g Quitten
300 ml Apfelsaft
100 g Honig
1 EL frisch gepresster Zitronensaft
1 EL Speisestärke
Salz

ZUBEREITUNGSZEIT

ca. 60 Minuten

RUHEZEIT

60 Minuten

HERBST
W F S
SÜSSES

1_ Ein Sieb mit einem feuchten Küchentuch auslegen, den Quark auf das Tuch geben und so gut wie möglich ausdrücken. Es sollten etwa 200 g abgetropfter Quark übrig bleiben. Butter, Puderzucker, Ei, Eigelb, Zitronenabrieb und Vanillemark in eine Schüssel geben und mit dem Handrührgerät schaumig aufschlagen. Den Quark zugeben und alles zu einer glatten Masse verrühren. Die Rinde vom Toastbrot herunterschneiden und das Toastbrot sehr fein würfeln oder in der Küchenmaschine zerkleinern. Die Brotwürfel unter die Quarkmasse mengen und diese abgedeckt für etwa 60 Minuten in den Kühlschrank stellen.

2_ Den Backofen auf 160 °C vorheizen. Mandeln, Semmelbrösel und 30 g Zucker vermischen, auf einem mit Backpapier ausgelegten Backblech verteilen. In den Ofen geben und goldbraun rösten. Dabei gelegentlich durchmischen.

3_ Die Quitten unter heißem Wasser waschen und dabei die pelzige Oberfläche gründlich abreiben. Die Quitten vierteln, das Kerngehäuse herausschneiden und die Viertel in etwa 1 cm große Würfel schneiden. Die Quittenwürfel mit 250 ml Apfelsaft, Honig und Zitronensaft in einen Topf geben und etwa 20 Minuten bei mittlerer Hitzezufuhr köcheln lassen, bis sie weich sind. Dabei gelegentlich umrühren. Die Speisestärke mit dem restlichen Apfelsaft glattrühren und das Quittenkompott damit binden.

4_ In einem großen Topf etwa 3 l Wasser erhitzen, 1 kräftige Prise Salz einstreuen und mit 20 g Zucker süßen. Aus der Topfenknödelmasse acht gleich große Knödel formen und diese in dem leicht köchelnden Wasser etwa 10 Minuten garen. Die Knödel aus dem Wasser heben und auf einem Tuch abtropfen. In den Bröseln wenden und mit dem Quittenkompott auf Tellern anrichten.

ZWETSCHGEN-DATSCHI

FÜR 6 STÜCK

350 g Weizenmehl (Type 550)
20 g frische Hefe
90 g Zucker
125 ml lauwarme Milch
1 kg Zwetschgen
50 g Butter
1 Prise Salz
1 Päckchen Vanillezucker
2 TL Zimt
2 EL gehackte Mandeln
150 g Sahne

ZUBEREITUNGSZEIT

ca. 70 Minuten

GEHZEIT

50 Minuten

HERBST
W F S
SÜSSES

1_ Das Mehl in eine Schüssel sieben. In die Mitte eine Mulde drücken, die Hefe fein zerbröseln und in die Mulde geben. Den Zucker über die Hefe streuen. 2 EL Milch zur Hefe in die Mulde geben. Etwas Mehl vom Rand über die Milchmischung geben und die Schüssel mit einem Küchentuch abdecken. Diesen Vorteig an einem warmen Ort mindestens 20 Minuten gehen lassen, bis die Hefemilch anfängt zu schäumen und das Volumen sich vergrößert hat.

2_ In der Zwischenzeit die Zwetschgen von den Stielen befreien, halbieren und entsteinen. Die Butter in einen Topf geben und bei niedriger Hitzezufuhr langsam schmelzen. Den Vorteig mit der restlichen Milch, der geschmolzenen Butter und dem Salz zu einem geschmeidigen Teig verknetet. Den Teig in sechs gleich große Stücke teilen und zu Kugeln formen.

3_ Die Teigkugeln auf einer bemehlten Arbeitsfläche etwa 2,5 cm dick ausrollen und dann mit den Fingern von der Mitte her so nach außen drücken, dass ein Rand entsteht. Die Teigfladen auf ein mit Backpapier ausgelegtes Backblech legen. Das Blech mit einem Tuch abdecken und den Teig 30 Minuten gehen lassen, bis er sich auf das Doppelte seines Volumens vergrößert hat.

4_ Den Backofen auf 180 °C vorheizen. Die Zwetschgenviertel mit der Hautseite nach unten auf die Teigfladen schichten. Den Vanillezucker mit dem Zimt vermischen und über die Zwetschgen streuen. Das Blech in den vorgeheizten Ofen schieben und die Zwetschgendatschis 30–35 Minuten backen. In der Zwischenzeit die gehackten Mandeln in einer Pfanne ohne Fett goldbraun anrösten. Die Sahne steif aufschlagen. Die fertigen Datschis mit den Mandeln bestreuen und mit der Schlagsahne servieren.

5

PFLAUMENMUS MIT ZITRONE UND VANILLE

FÜR 4 PERSONEN / CA. 800 G MUS

2 ½ kg Pflaumen
150 g brauner Zucker
Mark von 1 Vanilleschote
Abrieb von ½ unbehandelten Zitrone
1 Zimtstange
2 Anissterne

ZUBEREITUNGSZEIT

ca. 3 ½ Stunden

HERBST
W F S
SÜSSES

1_ Den Backofen auf 160 °C vorheizen. Die Pflaumen vom Stiel befreien, waschen, halbieren und entkernen. Die Pflaumenhälften in einen großen Topf geben und mit Vanillemark, braunem Zucker, Zitronenabrieb, Zimtstange und Anissternen vermischen. Den Topf mit einem Deckel verschließen und die Pflaumen bei mittlerer Hitzezufuhr langsam aufkochen, dabei gelegentlich umrühren. Köcheln lassen, bis die Pflaumen weich sind.

2_ Alles in eine ofenfeste Form geben, wenn möglich mit einem Deckel, alternativ mit Alufolie, abdecken. Für 2–3 Stunden im vorgeheizten Ofen langsam eindicken lassen. Dabei gelegentlich umrühren. Das Pflaumenmus in sterilisierte Gläser füllen und fest verschließen.

BUCHTELN MIT ZWETSCHGENFÜLLUNG UND SCHOKOLADENSAUCE

FÜR 4 PERSONEN

300 g reife Zwetschgen
Mark von 1 Vanilleschote
Saft und Abrieb von 1 unbehandelten Orange
300 g Zucker
3 cl Rum
2 Würfel frische Hefe
½ l lauwarme Milch
160 g Butter
2 Eier
2 Eigelb
800 g Weizenmehl (Type 550)
100 g dunkle Kuvertüre
100 g Sahne
1 TL Zimt
Puderzucker
Salz

ZUBEREITUNGSZEIT

ca. 1 Stunde

GEHZEIT

2–3 Stunden

1_ Den Backofen auf 150 °C vorheizen. Die Zwetschgen vom Stiel befreien, waschen, halbieren und entkernen. Vanillemark, Zwetschgen, Orangensaft und -abrieb, 140 g Zucker und Rum in einen ofenfesten Topf geben. Den Topf in den vorgeheizten Ofen auf ein Gitter stellen und so lange schmoren, bis die Flüssigkeit verdampft ist. Aus dem Ofen nehmen und mit dem Pürierstab oder im Mixer sehr fein pürieren. Kühl stellen.

2_ In der Zwischenzeit die Hefe in 3 EL Milch auflösen. Die Hefemilch zusammen mit Mehl, 130 g Zucker, 5 g Salz, 100 g Butter, Eiern und Eigelb mit dem Handrührgerät oder in der Küchenmaschine zu einem glatten Teig verkneten, bis dieser Blasen wirft. So viel von der restlichen Milch unterkneten, dass der Teig sich von der Schüssel löst.

3_ Den Teig mit einem Küchentuch abdecken und an einem warmen Ort auf das Doppelte seines Volumens gehen lassen. Den Teig dann noch mal kurz mit den Händen durchkneten, bis er wieder zusammenfällt. Nochmals abdecken und auf das doppelte Volumen aufgehen lassen.

4_ Den Hefeteig fingerdick ausrollen und in 6 x 6 cm große Stücke zerteilen. Jedes Stück mit ca. 1 TL Pflaumenmus füllen, die Ränder hochziehen und zusammendrücken. Eine ofenfeste Form mit etwas Butter ausfetten und die Buchteln mit der zusammengedrückten Stelle nach unten hineinsetzen. Den restlichen Zucker mit dem Zimt vermischen und die restliche Butter zerlassen. Die Buchteln mit der Butter bestreichen und mit dem Zimtzucker bestreuen. Mit einem Küchentuch bedecken und etwa 20 Minuten gehen lassen. Den Backofen auf 170 °C vorheizen. Die Buchteln für etwa 45 Minuten in den Ofen geben und backen.

5_ In der Zwischenzeit die Kuvertüre fein hacken. Die Sahne in einen Topf geben und bei mittlerer Hitzezufuhr erhitzen und die gehackte Kuvertüre darin schmelzen.

6_ Die warmen Buchteln mit Puderzucker bestäuben und mit der Schokoladensauce servieren.

HABOSO
SOLINGEN

ARME RITTER MIT WALNUSS-KARAMELL-SAUCE

FÜR 4 PERSONEN

Mark von 1 Vanilleschote
2 Eier (M)
100 ml Milch
200 g Sahne
4 altbackene Milchbrötchen (à 50 g)
60 g Walnusskerne
2 EL Zucker
2 EL Butter
Puderzucker

ZUBEREITUNGSZEIT

ca. 40 Minuten

HERBST
SÜSSES

1_ Das Vanillemark mit den Eiern, der Milch und 100 g Sahne in eine Schüssel geben und kräftig miteinander verrühren. Die Brötchen jeweils in 3 Scheiben schneiden. Die Walnusskerne grob hacken und in einer Pfanne ohne Fett etwas anrösten. Die Nüsse aus der Pfanne nehmen, den Zucker in die Pfanne streuen und bei geringer Hitze langsam karamellisieren. Mit 2 EL Wasser ablöschen. Köcheln lassen, bis sich das Karamell gelöst hat und von honigartiger Konsistenz ist. Die restliche Sahne und die gehackten Walnusskerne zugeben und nochmals 5 Minuten köcheln lassen.

2_ Die Brötchenscheiben in der Eiermasse wenden. Die Butter in einer großen Pfanne erhitzen und die Armen Ritter darin goldbraun ausbacken. Aus der Pfanne nehmen und auf etwas Küchenpapier abtropfen lassen. Auf Tellern anrichten und mit Puderzucker bestäuben. Mit der Walnuss-Karamell-Sauce servieren.

WINTER

Ohne Frost kein Grünkohl, ohne Weihnachten kein Früchtebrot und ohne Käse kein Fondue – wir müssen dem Winter also doch dankbar sein.

SEITE 184–235

FELDSALAT MIT BRATAPFELSCHEIBEN UND GEBRANNTEN MANDELN

FÜR 4 PERSONEN

2 rote Äpfel
1 TL frisch gepresster Zitronensaft
1 EL Butter
2 EL Puderzucker
80 g geschälte Mandeln
250 g Feldsalat
3 EL Apfelessig
1 EL Honig
3 EL Öl
2 EL Preiselbeeren
Salz, frisch gemahlener Pfeffer

ZUBEREITUNGSZEIT

ca. 35 Minuten

1_ Den Ofen auf 180 °C vorheizen.

2_ Das Kerngehäuse der Äpfel ausstechen. Die Äpfel in etwa 1 ½ cm dicke Scheiben schneiden und mit dem Zitronensaft marinieren. Die Butter in einer Pfanne zerlassen und die Äpfel darin von jeder Seite anbraten. Auf ein mit Backpapier ausgelegtes Backblech verteilen. Mit der Hälfte des Puderzuckers bestäuben und für 4–5 Minuten in den vorgeheizten Ofen geben.

3_ In der Zwischenzeit die Mandeln in eine Pfanne geben und bei mittlerer Hitzezufuhr goldbraun anrösten. Mit dem restlichen Puderzucker bestäuben und unter ständigem Rühren karamellisieren. Aus Apfelessig, 3 EL Wasser, Honig und Öl ein Dressing rühren, mit Salz und Pfeffer abschmecken.

4_ Den Feldsalat putzen, mit dem Dressing marinieren und auf Tellern anrichten. Die Apfelscheiben dazugeben und die Löcher mit den Preiselbeeren füllen. Die gebrannten Mandeln darüber verteilen. Sofort servieren.

FELDSALAT MIT KARTOFFELDRESSING UND MINI-FLAMMKUCHEN

FÜR 4 PERSONEN

2 kleine festkochende Kartoffeln
4 EL Weißweinessig
4 EL klare Gemüsebrühe
3 EL Öl
1 EL mittelscharfer Senf
frischer Flammkuchenteig aus dem Kühlregal
150 g Sauerrahm
1 EL fein gehackte glatte Petersilie
2 kleine Zwiebeln
80 g Bergkäse
500 g Feldsalat gewaschen und geputzt
Salz, frisch gemahlener Pfeffer

ZUBEREITUNGSZEIT

ca. 35 Minuten

1_ Die Kartoffeln in Salzwasser garen, etwas auskühlen lassen und pellen. Dann durch eine Kartoffelpresse drücken oder durch ein feines Sieb streichen und in eine Schüssel geben. Mit dem Weißweinessig, der Gemüsebrühe, dem Öl und dem Senf zu einem Dressing verrühren. Mit Salz und Pfeffer abschmecken.

2_ Den Ofen auf 200 °C vorheizen. Mit einem runden Ausstecher (ø ca. 8 cm) Kreise aus dem Flammkuchenteig ausstechen. Den Sauerrahm mit der Petersilie verrühren und mit Salz und Pfeffer würzen. Die Flammkuchenkreise mit dem Sauerrahm bestreichen. Den Käse reiben. Die Zwiebel schälen, halbieren und in feine Streifen schneiden.

3_ Die Zwiebelstreifen auf dem Sauerrahm verteilen und mit dem geriebenen Käse bestreuen. Die Mini-Flammkuchen auf ein Backblech setzen und für etwa 5–6 Minuten im vorgeheizten Ofen goldbraun backen. Den Feldsalat putzen, mit dem Kartoffeldressing marinieren und auf Tellern anrichten. Die Mini-Flammkuchen auf die Salate setzen und servieren.

ROTKOHLSALAT MIT GRAPEFRUIT UND GRANATAPFEL

FÜR 4 PERSONEN

800 g frischer Rotkohl
3 rosa Grapefruits
1 roter Apfel
1 EL frisch gepresster Zitronensaft
1 Granatapfel
60 g Walnusskerne
3 EL Rotweinessig
2 EL Honig
3 EL Öl
1 Msp. Zimtpulver
Salz, frisch gemahlener Pfeffer

ZUBEREITUNGSZEIT

ca. 25 Minuten

1_ Den Rotkohl putzen und in sehr feine Streifen schneiden oder mit der Küchenreibe raspeln. In eine Schüssel geben. Die Schale der Grapefruit samt dem weißen Häutchen mit einem scharfen Messer entfernen. Die Fruchtfilets zwischen den Trennhäuten herausschneiden, dabei den heruntertropfenden Saft in einer Schüssel auffangen.

2_ Den Apfel vierteln und das Kerngehäuse entfernen. Die Apfelviertel in dünne Scheiben schneiden und mit dem Zitronensaft marinieren. Den Granatapfel aufbrechen und die Kerne herauslösen. Die weißen Häutchen, die um die Kerne sind, entfernen.

3_ Die Walnusskerne grob hacken und in einer Pfanne ohne Fett leicht anrösten. Die Rotkohlstreifen mit dem aufgefangenen Grapefruitsaft, dem Rotweinessig, dem Honig und dem Öl marinieren. Mit Salz, Pfeffer und etwas Zimt abschmecken. Grapefruitfilets, Apfelscheiben sowie Granatapfel- und Walnusskerne untermengen. Den Salat auf Teller anrichten und servieren.

WINTERSALAT MIT GEBACKENEN HASELNUSS-CAMEMBERT-ECKEN

FÜR 4 PERSONEN

2 kleine Camembert (à 150 g)
1 Ei
3 EL Mehl
6 EL Paniermehl
2 EL fein gemahlene Haselnüsse
200 g Rosenkohl
300 g gemischte Blattsalate (z.B. Eichblatt, Feldsalat, Radicchio)
½ Granatapfel
2 Scheiben Bauernbrot
4 EL Obstessig
1 TL Honig
2 EL Preiselbeeren
8 EL Öl
1 EL Butter
Salz, frisch gemahlener Pfeffer

ZUBEREITUNGSZEIT

ca. 45 Minuten

1_ Den Camembert in zwölf gleich große Ecken schneiden. Das Ei in einer Schüssel kräftig verquirlen. Das Mehl auf einen Teller streuen. Das Paniermehl mit den Haselnüssen auf einem zweiten Teller vermischen. Die Camembertecken zuerst im Mehl, dann im Ei und zuletzt in dem Paniermehl-Haselnuss-Gemisch wenden und beiseitestellen.

2_ Den Rosenkohl putzen, vierteln und in kochendem Salzwasser bissfest garen. Auf ein Sieb abschütten, mit kaltem Wasser abschrecken und abtropfen lassen. Die Salate putzen, waschen und in mundgerechte Stücke zupfen.

3_ Die Kerne aus dem Granatapfel lösen, die weißen Trennhäutchen sorgfältig entfernen. Das Brot in Würfel schneiden. Aus dem Obstessig, dem Honig, den Preiselbeeren und 4 EL Öl ein Dressing rühren. Mit Salz und Pfeffer abschmecken. Das restliche Öl in einer Pfanne erhitzen und die panierten Camembertecken darin von jeder Seite goldbraun ausbacken. Aus der Pfanne nehmen und auf etwas Küchenpapier abtropfen lassen. Parallel in einer zweiten Pfanne die Butter zerlassen und die Brotwürfel darin knusprig anbraten. Mit etwas Salz würzen.

4_ Die Blattsalate und den Rosenkohl mit dem Dressing marinieren und mit den Camembertecken auf Tellern anrichten. Mit den Granatapfelkernen bestreuen und servieren.

CREMIGE WURZELGEMÜSESUPPE MIT ROSENKOHL UND KNUSPRIGER PETERSILIE

FÜR 4 PERSONEN

1 kleine Karotte
2 kleine Petersilienwurzeln
100 g Knollensellerie
½ Porreestange
100 g Rosenkohl
1 Bund glatte Petersilie
6 EL Öl
2 EL Butter
1 l klare Gemüsebrühe
250 g Sahne
2 EL Sauerrahm
frisch geriebene Muskatnuss
Salz, frisch gemahlener Pfeffer

ZUBEREITUNGSZEIT

ca. 45 Minuten

1_ Die Karotte und die Petersilienwurzeln schälen und in dicke Scheiben schneiden. Den Knollensellerie ebenfalls von der Schale befreien und grob würfeln. Den Porree putzen, der Länge nach halbieren, in Streifen schneiden und gründlich waschen. Den Rosenkohl putzen und vierteln. Die Rosenkohlviertel in kochendem Salzwasser bissfest garen. In ein Sieb abgießen, mit kaltem Wasser abkühlen und abtropfen lassen.

2_ Die Petersilie von den Stängeln zupfen. 5 EL Öl in einer kleinen Pfanne erhitzen und die Petersilienblätter darin knusprig frittieren. Aus der Pfanne nehmen und auf Küchenpapier abtropfen lassen. 1 EL Butter und das restliche Öl in einem Topf erhitzen. Karotte, Petersilienwurzel, Sellerie und Porree zugeben und darin leicht anbraten.

3_ Mit der Gemüsebrühe ablöschen. Aufkochen und etwa 20 Minuten bei mittlerer Hitzezufuhr köcheln lassen. Die Suppe mit dem Mixstab fein pürieren. Die Sahne zugeben und nochmals 5 Minuten leicht köcheln lassen. Mit etwas Salz und frisch gemahlenem Pfeffer abschmecken.

4_ Die restliche Butter in einer Pfanne zerlassen und die Rosenkohlviertel darin anbraten. Mit etwas Muskatnuss, Salz und Pfeffer abschmecken. Die Suppe in Tellern anrichten und den angebratenen Rosenkohl darauf verteilen. Jeweils einen Klecks Sauerrahm auf die Suppen geben und mit der frittierten Petersilie bestreuen.

PASTINAKENSUPPE MIT ÜBERBACKENEM ZWIEBELBROT

FÜR 4 PERSONEN

500 g Pastinaken
3 mittelgroße Zwiebeln
2 EL Sonnenblumenöl
2 EL Butter
1 l klare Gemüsebrühe
150 g Sahne
4 Scheiben Bauernbrot
80 g Emmentaler
1 EL fein gehackte glatte Petersilie
Salz, frisch gemahlener Pfeffer

ZUBEREITUNGSZEIT

ca. 45 Minuten

1_ Die Pastinaken schälen und in dünne Scheiben schneiden. Die Zwiebeln schälen, halbieren und in feine Streifen schneiden. Das Öl in einer Pfanne erhitzen, zwei Drittel der Zwiebelstreifen hineingeben und bei mittlerer Hitzezufuhr langsam goldbraun rösten.

2_ Die Butter in einem großen Topf zerlassen, die restlichen Zwiebelstreifen hineingeben und andünsten. Die Pastinakenscheiben zugeben und ebenfalls kurz andünsten. Mit der Gemüsebrühe ablöschen und bei mittlerer Hitzezufuhr köcheln lassen, bis die Pastinaken weich sind. Die Suppe mit dem Stabmixer pürieren, die Sahne zugießen und nochmals 5 Minuten köcheln lassen. Mit Salz und Pfeffer würzen.

3_ Den Ofen auf 200 °C vorheizen. Die Röstzwiebeln aus der Pfanne nehmen und auf Küchenpapier abtropfen lassen. Mit etwas Salz und Pfeffer würzen. Die Bauernbrotscheiben mit der übrigen Butter bestreichen und die gerösteten Zwiebeln darauf verteilen. Den Käse reiben, darüberstreuen und im vorgeheizten Ofen überbacken. Die Suppe in Schalen anrichten, mit der Petersilie bestreuen und mit dem überbackenen Zwiebelbrot servieren.

STECKRÜBENEINTOPF MIT PELLKARTOFFELN

FÜR 4 PERSONEN

600 g Steckrüben
300 g Karotten
100 g Petersilienwurzel
1 Gemüsezwiebel
1 EL Öl
1 EL Butter
1 EL fein geschnittener Majoran
800 ml klare Gemüsebrühe
600 g kleine festkochende Kartoffeln
1 Bund glatte Petersilie
1 EL Butter
Salz, frisch gemahlener Pfeffer

ZUBEREITUNGSZEIT

ca. 45 Minuten

WINTER
H F S
SUPPE

1_ Die Steckrüben, die Karotten, die Petersilienwurzel und die Gemüsezwiebel schälen. Steckrüben, Karotten und Petersilienwurzel in etwa 1 ½ cm dicke Würfel schneiden. Die Zwiebel halbieren und in feine Streifen schneiden.

2_ Das Öl und die Butter in einem großen Topf erhitzen und das Gemüse darin kurz anbraten. Den Majoran zugeben und mit der Gemüsebrühe ablöschen. Bei mittlerer Hitzezufuhr etwa 20 Minuten köcheln lassen, bis das Gemüse gar ist.

3_ In der Zwischenzeit die Kartoffeln in reichlich kochendem Salzwasser garen und in ein Sieb abgießen. Etwas auskühlen lassen und pellen. Die Petersilienblätter von den Stängeln zupfen und in feine Streifen schneiden. Die Butter in einer Pfanne zerlassen und die Kartoffeln darin schwenken. Den Eintopf mit Salz und Pfeffer würzen und in Schalen oder Tellern anrichten. Mit der Petersilie bestreuen und mit den Pellkartoffeln servieren.

WIRSING-GRAUPEN-EINTOPF MIT HASELNUSSPESTO

FÜR 4 PERSONEN

400 g festkochende Kartoffeln
100 g Perlgraupen
1 mittelgroße Zwiebel
1 mittelgroße Karotte
500 g Wirsing
1 EL Butter
1 l klare Gemüsebrühe
60 g Haselnüsse
3 EL Olivenöl
1 TL Zitronenabrieb (unbehandelt)
30 g Parmesan
3 EL fein gehackte glatte Petersilie
Salz, frisch gemahlener Pfeffer

ZUBEREITUNGSZEIT

ca. 40 Minuten

1_ Die Kartoffeln schälen und in etwa 1 cm große Würfel schneiden. Die Kartoffelwürfel in kochendem Salzwasser bissfest garen, in ein Sieb abgießen und abtropfen lassen. Die Perlgraupen ebenfalls in Salzwasser garen und in ein Sieb abgießen. Mit kaltem Wasser abspülen und abtropfen lassen.

2_ In der Zwischenzeit die Zwiebel schälen, halbieren und fein würfeln. Die Karotte putzen und in etwa 1 cm dicke Scheiben schneiden. Den Wirsing putzen und von den dicken Strünken befreien. Die Blätter in etwa 2 cm breite Blättchen schneiden. Die Butter in einem großen Topf zerlassen. Die Zwiebelwürfel in der Butter glasig andünsten. Die Wirsingblättchen und die Karottenscheiben zugeben und ebenfalls kurz andünsten. Mit der klaren Gemüsebrühe ablöschen und aufkochen. Etwa 5 Minuten bei mittlerer Hitzezufuhr köcheln lassen. Die Kartoffelwürfel und die Perlgraupen zugeben und etwa 10 Minuten bei geringer Hitzezufuhr ziehen lassen.

3_ In der Zwischenzeit den Parmesan fein reiben. Die Haselnüsse sehr fein hacken und mit dem Olivenöl, der Zitronenabrieb, dem Parmesan und der Petersilie kräftig zu einem Pesto verrühren. Das Haselnusspesto mit etwas Salz und Pfeffer abschmecken. Den Wirsing-Graupen-Eintopf in Tellern anrichten und das Pesto darüber verteilen.

GRÜNKOHLSUPPE MIT KAROTTEN UND KARTOFFELN

FÜR 4 PERSONEN

500 g Grünkohl
1 Knoblauchzehe
1 mittelgroße Zwiebel
400 g festkochende Kartoffeln
200 g Karotten
2 EL Butter
800 ml klare Gemüsebrühe
2 EL Schmand
Salz, frisch gemahlener Pfeffer

ZUBEREITUNGSZEIT

ca. 50 Minuten

1_ Den Grünkohl putzen und in kochendem Salzwasser bissfest garen. In ein Sieb abgießen, mit kaltem Wasser abschrecken und gut abtropfen lassen. Den Grünkohl grob hacken.

2_ Die Knoblauchzehe und die Zwiebel schälen. Die Knoblauchzehe fein hacken und die Zwiebel in feine Würfel schneiden. Die Kartoffeln schälen, die Karotten putzen und beide in etwa 1 ½ cm dicke Würfel schneiden.

3_ Die Butter in einem Topf zerlassen und die Zwiebelwürfel darin goldbraun anbraten. Den gehackten Knoblauch, die Kartoffel- und Karottenwürfel zugeben und ebenfalls kurz anbraten. Den gehackten Grünkohl zugeben und mit der Gemüsebrühe ablöschen. Etwa 20 Minuten bei mittlerer Hitzezufuhr köcheln lassen.

4_ Mit Salz und Pfeffer abschmecken und auf Tellern verteilen. Jeweils einen Klecks Schmand auf die Grünkohlsuppe setzen und servieren.

ÜBERBACKENES KÄSE-KARTOFFEL-FONDUE

FÜR 4 PERSONEN

1 Knoblauchzehe
200 g gekochte festkochende Pellkartoffeln
1 EL Butter
1 EL Mehl zzgl. etwas zum Ausrollen
500 ml Milch
250 g Emmentaler
150 g Bergkäse
1 Schuss Birnenbrand
zzgl. reichlich zum Trinken
2 Blätterteigplatten
2 Eigelb
1 EL gehackte Haselnüsse
2 reife Birnen
400 g Walnussbrot
Muskatnuss, Salz, frisch gemahlener Pfeffer

ZUBEREITUNGSZEIT

ca. 40 Minuten

1_ Die Knoblauchzehe schälen und sehr fein hacken. Die Kartoffeln pellen und durch die Kartoffelpresse drücken. Die Butter in einem Topf zerlassen und die Knoblauchzehe darin andünsten. Unter Rühren mit dem Mehl bestäuben und mit der Milch ablöschen. Etwa 10 Minuten bei geringer Temperatur köcheln lassen. Die Kartoffeln zugeben und unterrühren.

2_ Emmentaler und Bergkäse fein reiben und in die Milchmasse geben, kräftig verrühren und mit Salz, Pfeffer und Muskatnuss würzen. Zum Schluss den Birnenbrand einrühren. Auf vier kleine, ofenfeste Schalen verteilen.

3_ Den Ofen auf 200 °C vorheizen. Den Blätterteig auf der bemehlten Arbeitsfläche etwas ausrollen. Vier Kreise ausstechen, die etwas größer sind, als der Durchmesser der Schalen. Mit dem Eigelb bestreichen und mit der Eigelbseite nach unten auf die Schalen legen. Die Ränder fest andrücken und die Oberseite des Blätterteigs ebenfalls mit Eigelb bestreichen. Die gehackten Haselnüsse auf den Teig streuen. Im vorgeheizten Ofen etwa 10–12 Minuten überbacken.

4_ In der Zwischenzeit die Birnen vierteln, entkernen und in mundgerechte Stücke schneiden. Das Brot in mundgerechte Würfel schneiden. Das überbackene Käse-Kartoffel-Fondue aus dem Ofen nehmen und mit den Birnen- und Brotstücken zum Dippen servieren und gelegentlich einen Birnenbrand reichen.

GEFÜLLTE KARTOFFELKLÖSSE MIT WALNUSSSCHMELZE AUF RAHMMANGOLD

FÜR 4 PERSONEN

700 g vorwiegend festkochende Kartoffeln
2 Eigelb
60 g Speisestärke
3 EL fein gehackte Petersilie
80 g Bergkäse
2 Schalotten
400 g Mangold
4 getrocknete Feigen
1 EL Senfkörner
3 EL Butter
200 g Sahne
30 g Walnusskerne
2 EL Semmelbrösel
Muskatnuss, Salz, frisch gemahlener Pfeffer

ZUBEREITUNGSZEIT

ca. 50 Minuten

1_ Die Kartoffeln ungeschält in Salzwasser garen und durch ein Sieb abgießen. In der Zwischenzeit den Ofen auf 150 °C vorheizen. Die gegarten Kartoffeln auf einem Backblech verteilen und für etwa 8 Minuten in den Ofen geben und ausdämpfen. Die Kartoffeln pellen und durch die Kartoffelpresse in eine Schüssel drücken.

2_ Die Masse etwas abkühlen lassen und Eigelb untermengen. Die Speisestärke darübersieben und unterarbeiten. Die Petersilie unter den Kloßteig mengen und mit etwas Salz und geriebener Muskatnuss würzen. Aus dem Teig je acht gleich große Klöße formen. Den Bergkäse in acht gleich große Stücke schneiden. In jeden Kloß eine Mulde drücken und die Käsestücke hineingeben. Wieder mit Teig verschließen und zu runden glatten Klößen abdrehen. Ist der Teig etwas klebrig, die Hände vorher mit Speisestärke einpudern. Die Klöße auf einen Teller setzen, mit einem feuchten Küchentuch abdecken und beiseitestellen.

3_ Die Schalotten schälen, halbieren und fein würfeln. Den Mangold putzen und die grünen Blätter vom Stiel schneiden. Die Stiele und die Blätter in feine Streifen schneiden. Die Feigen fein würfeln. Die Senfkörner in einen Topf geben und anrösten, bis sie anfangen zu tanzen. 1 EL Butter zugeben und die Schalottenwürfel darin andünsten. Den Mangold zugeben und ebenfalls kurz andünsten. Zuletzt die Feigenwürfel in den Topf geben und alles mit der Sahne ablöschen. Etwa 6 Minuten köcheln lassen, dabei gelegentlich umrühren.

4_ Die Walnüsse fein hacken. Die restliche Butter in einem Topf zerlassen und die gehackten Walnüsse und die Semmelbrösel darin etwas anrösten.

5_ Die Klöße in einen großen Topf mit kochendem Salzwasser geben. Die Hitze dann sofort auf ein Minimum reduzieren und die Klöße im siedenden Wasser etwa 15 Minuten ziehen lassen. Den Rahmmangold auf Tellern anrichten. Die Klöße mit der Schaumkelle aus dem Wasser heben, abtropfen lassen und auf dem Mangold anrichten. Mit der Walnussschmelze überziehen.

WIRSING-KARTOFFEL-STRUDEL MIT BACKPFLAUMEN

FÜR 4 PERSONEN

300 g Weizenmehl (Type 550)
50 g Rapsöl
800 g festkochende Kartoffeln
1 TL Kümmel
1 mittelgroße Zwiebel
400 g Wirsing
5 EL Butter
150 g Sahne
60 g Backpflaumen, entsteint
400 g Äpfel (z. B. Elstar)
2 EL Zucker
frisch gemahlene Muskatnuss
Salz, frisch gemahlener Pfeffer

ZUBEREITUNGSZEIT

ca. 60 Minuten

RUHEZEIT

60 Minuten

1_ Das Mehl in eine Schüssel geben und mit 150 ml Wasser, Rapsöl und 5 g Salz zu einem ganz glatten, geschmeidigen Strudelteig verkneten. Den Teig dünn mit Öl einreiben und in Klarsichtfolie wickeln. Etwa 1 Stunde bei Zimmertemperatur ruhen lassen.

2_ Die Kartoffeln in kochendem Salzwasser unter Beigabe des Kümmels garen, in ein Sieb abgießen und etwas abkühlen lassen. In der Zwischenzeit die Zwiebel schälen, halbieren und in feine Streifen schneiden. Den Wirsing von den dicken Blattrippen befreien und in etwa 1 cm breite Streifen schneiden. Die Kartoffeln pellen und in etwa 1 cm große Würfel schneiden.

3_ In einer großen Pfanne 2 EL Butter zerlassen, die Zwiebelstreifen darin glasig andünsten. Die Wirsingblätter zugeben und ebenfalls andünsten, bis sie zusammenfallen. Die Sahne angießen und bei mittlerer Hitzezufuhr köcheln lassen, bis die Sahne eine dickflüssige Konsistenz angenommen hat. Die Kartoffeln zugeben und mit Salz, Pfeffer und Muskatnuss würzen. Die Backpflaumen in kleine Stücke schneiden und untermengen. Die Wirsing-Kartoffel-Masse auskühlen lassen.

4_ Den Backofen auf 200 °C vorheizen. In der Zwischenzeit ein großes Küchentuch auf der Arbeitsfläche ausbreiten und mit etwas Mehl bestäuben. Den Strudelteig mit einem Nudelholz darauf etwas ausrollen. Den Teig dann mit den Händen von der Teigmitte nach außen sehr dünn ausziehen. Die übrige Butter zerlassen und mit einem Teil den Teig bestreichen.

5_ Die Wirsing-Kartoffel-Masse als Strang auf der unteren Seite des Teigs verteilen. Nun den belegten Strudelteig mit Hilfe des Küchentuchs zusammenrollen. Ein Backblech mit Backpapier auslegen und den Strudel vom Küchentuch vorsichtig auf das Blech gleiten lassen. Mit etwas Butter bestreichen und für etwa 25–30 Minuten im Ofen goldbraun backen. Dabei immer wieder mit der restlichen Butter bestreichen.

6_ Die Äpfel schälen, vierteln und entkernen. Die Apfelviertel klein schneiden und mit 4 EL Wasser und dem Zucker in einem Topf weich dünsten. Mit dem Mixstab grob pürieren. Den Strudel aus dem Ofen nehmen, etwas auskühlen lassen und in Stücke schneiden. Mit dem Apfelmus servieren.

50
1884 1934
RICH. A. HERDER
SOLINGEN

SCHWARZWURZELTARTE MIT HASELNÜSSEN

FÜR 4 PERSONEN

1 kg Schwarzwurzeln
1 ½ Zitronen
2 EL Butter
1 EL Puderzucker
1 Blätterteigrolle aus dem Kühlregal
50 g Parmesan
80 g Haselnüsse
2 Eigelb (Größe M)
60 g Schmand
1 EL fein gehackte glatte Petersilie
Salz, frisch gemahlener Pfeffer

ZUBEREITUNGSZEIT

ca. 60 Minuten

1_ Die Schwarzwurzeln unter fließendem Wasser gründlich waschen. Die Zitronen fein reiben und anschließend auspressen. 3 EL Zitronensaft in eine große Schüssel geben und 1 ½ l kaltes Wasser zugeben. Die Schwarzwurzeln schälen, jede geschälte Wurzel noch mal direkt unter fließendem Wasser abspülen und dann in die Schüssel geben. Die Schwarzwurzeln quer halbieren und die dickeren Wurzeln eventuell noch mal längs halbieren und wieder in das Zitronenwasser legen.

2_ Die Schwarzwurzeln in kochendem Salzwasser bissfest garen, in ein Sieb abgießen und abtropfen lassen. In einer großen Pfanne die Butter zerlassen. Die Schwarzwurzeln in die Pfanne geben und anbraten. Den Puderzucker darübersieben und die Wurzeln karamellisieren.

3_ Den Ofen auf 220 °C vorheizen. Eine rechteckige Tarteform (ca. 30 x 12 cm) mit dem Blätterteig auslegen, überstehende Ränder ggf. mit einem scharfen Messer sauber abschneiden. Backpapier zuschneiden und über den Teig legen. Die Form mit trockenen Hülsenfrüchten oder Blindbackerbsen auffüllen und für 10 Minuten im vorgeheizten Ofen blind backen. Die Form aus dem Ofen nehmen und die Erbsen und das Backpapier entfernen.

4_ Den Parmesan reiben, die Haselnüsse grob hacken. Eigelb, Schmand, Parmesan, 2 TL Zitronenschale und 3 EL Zitronensaft miteinander verrühren. Mit Salz und Pfeffer würzen und auf dem Tarteboden verstreichen.

5_ Die Schwarzwurzeln darauf verteilen. Die Haselnüsse in einer Pfanne ohne Fett anrösten und über die Schwarzwurzeln streuen. Die Schwarzwurzeltarte für 20 Minuten im Ofen backen. Die fertige Tarte mit der Petersilie bestreuen und in Stücke schneiden.

BREZENKNÖDEL AUF CREMIGEM WIRSING-KARTOFFEL-GEMÜSE

FÜR 4 PERSONEN

500 g festkochende Kartoffeln
600 g Brezen vom Vortag
2 mittelgroße Zwiebeln
2 EL Butter
300 ml Milch
3 Eier (Größe M)
2 EL fein gehackte glatte Petersilie
2 EL Semmelbrösel
500 g Wirsing
200 ml Gemüsebrühe
200 g Sahne
2 EL Preiselbeeren
frisch gemahlene Muskatnuss
Salz, frisch gemahlener Pfeffer

ZUBEREITUNGSZEIT

ca. 65 Minuten

WINTER
H S F
SATTMACHER

1_ Die Kartoffeln in kochendem Salzwasser garen, in ein Sieb abgießen und etwas auskühlen lassen. In der Zwischenzeit die Brezen in etwa 1 cm dicke Würfel schneiden und in eine Schüssel geben. Die Zwiebeln schälen, halbieren und sehr fein würfeln. 1 EL Butter in einem Topf zerlassen und die Hälfte der Zwiebelwürfel darin andünsten. Mit der Milch ablöschen und aufkochen.

2_ Die Milch mit etwas Muskatnuss würzen und über die Brezenwürfel gießen. Alles gut vermengen und lauwarm auskühlen lassen. Eier, Petersilie und Semmelbrösel zugeben und zu einer kompakten Masse verkneten. Mit einem Tuch bedecken und etwa 30 Minuten durchziehen lassen.

3_ In der Zwischenzeit den Wirsing von den dicken Rippen befreien und in etwa 3 cm breite Blättchen schneiden. Die ausgekühlten Kartoffeln pellen und in Würfel schneiden. Die restliche Butter in einer großen Pfanne zerlassen und die restlichen Zwiebelwürfel darin glasig andünsten. Die Wirsingblättchen zugeben und ebenfalls andünsten. Mit der Gemüsebrühe ablöschen und etwa 10 Minuten köcheln lassen. Die Sahne und die Kartoffelwürfel zugeben und zu einem cremigen Gemüse einkochen lassen.

4_ Aus der Knödelmasse acht gleich große Brezenknödel formen. Die Knödel in kochendes Salzwasser geben, die Hitze reduzieren und die Knödel im siedenden Wasser etwa 15 Minuten garen. Das Wirsing-Kartoffel-Gemüse auf Tellern anrichten, die Brezenknödel aus dem Wasser heben, abtropfen und auf das Gemüse setzen. Die Preiselbeeren auf den Knödeln verteilen.

FONDUEAUFLAUF MIT PORREE UND RÖSTBROT

FÜR 4 PERSONEN

300 g Bauernbrot
800 g Porree
120 g Bergkäse
120 g Emmentaler
1 mittelgroße Zwiebel
1 Knoblauchzehe
1 EL Öl
250 ml trockener Weißwein
250 g Sahne
frisch gemahlene Muskatnuss
Salz, frisch gemahlener Pfeffer

ZUBEREITUNGSZEIT

ca. 70 Minuten

1_ Den Ofen auf 200 °C vorheizen. Das Bauernbrot in 1 cm dicke Scheiben schneiden, auf ein Backblech legen und 8 Minuten im Ofen rösten. Den Porree putzen und der Länge nach halbieren. Die Porreehälften quer in etwa 1 cm dicke Streifen schneiden und waschen. In einem Sieb gut abtropfen lassen. Den Bergkäse und den Emmentaler grob reiben und jeweils 80 g mit dem Porree vermengen. Die Käse-Porree-Mischung in einer großen Auflaufform verteilen.

2_ Die Zwiebel schälen, halbieren und in Streifen schneiden. Den Knoblauch schälen und fein hacken. Das Öl in einer großen Pfanne erhitzen und die Zwiebelstreifen bei mittlerer Hitzezufuhr goldbraun anbraten, zum Schluss den gehackten Knoblauch zugeben und kurz andünsten. Mit dem Weißwein ablöschen, die Sahne zugeben und aufkochen. Vom Herd nehmen, mit Salz, Pfeffer und Muskatnuss kräftig würzen und über den Porree in die Auflaufform gießen.

3_ Mit Alufolie bedecken und für etwa 45 Minuten im vorgeheizten Ofen garen. Aus dem Ofen nehmen, die Brotscheiben in die Form schichten und mit dem Käse bestreuen. Nochmals in den Ofen geben und goldbraun überbacken.

GEBACKENE NUDEL-KÄSE-BÄLLCHEN

FÜR 4 PERSONEN

1 Tomate
1 Bund glatte Petersilie
60 g Mayonnaise
1 kleine Zwiebel
1 Knoblauchzehe
150 g Bergkäse
200 g kurze Hörnchennudeln
50 g Butter
180 g Weizenmehl (Type 405)
300 ml Milch
2 Eier
150 g Mehl
250 g Semmelbrösel
Salz, frisch gemahlener Pfeffer
Öl zum Frittieren

ZUBEREITUNGSZEIT

ca. 45 Minuten

AUSKÜHLZEIT

120 Minuten

1_ Die Tomate vierteln, entkernen und die Tomatenviertel in kleine Würfel schneiden. Die Petersilie von den Stängeln zupfen und fein hacken. Tomatenwürfel, Petersilie und Mayonnaise in eine Schüssel geben, mit Salz und Pfeffer würzen und gut miteinander vermengen.

2_ Die Zwiebel schälen und fein würfeln. Den Knoblauch ebenfalls schälen und fein hacken. Den Bergkäse fein reiben. Die Hörnchennudeln nach Packungsangabe in kochendem Salzwasser bissfest garen, in ein Sieb abgießen und abtropfen lassen. In der Zwischenzeit die Butter in einem Topf zerlassen und die Zwiebelwürfel und den gehackten Knoblauch darin andünsten. 30 g Mehl unter ständigem Rühren einrieseln lassen und dann langsam die Milch einrühren. Einmal aufkochen und die Nudeln untermengen. Den geriebenen Käse zugeben und schmelzen. Alles kräftig miteinander vermengen und mit etwas Salz würzen.

3_ Auf ein Blech etwa 20 kleine Nudelhaufen setzen und auskühlen lassen. Die ausgekühlten Nudelhaufen jeweils zu einer Kugel formen. Für etwa zwei Stunden im Kühlschrank ruhen lassen. 150 g Mehl auf einen großen Teller geben. Die Eier in eine große Schüssel aufschlagen und Sahne verquirlen. Die Semmelbrösel auf einem großen Teller verteilen.

4_ Die Bällchen aus dem Kühlschrank nehmen und zuerst im Mehl, dann im verquirlten Ei und zuletzt in den Semmelbröseln wenden. In heißem Öl schwimmend goldbraun ausbacken. Aus dem Öl nehmen und auf einem Stück Küchenpapier abtropfen lassen.

CREMIGES GRAUPENRISOTTO MIT WURZELGEMÜSE UND PILZEN

FÜR 4 PERSONEN

100 g Perlgraupen
1 mittelgroße Zwiebel
100 g Petersilienwurzel
100 g Karotte
100 g Porree
100 g Staudensellerie
300 g gemischte Pilze
(z.B. Pfifferlinge, Champignons, Steinpilze)
2 EL Olivenöl
200 ml klare Gemüsebrühe
2 EL kalte Butter
2 EL frisch geriebener Parmesan
1 Bund Schnittlauch
1 TL frisch gepresster Zitronensaft
Salz, frisch gemahlener Pfeffer

ZUBEREITUNGSZEIT

ca. 40 Minuten

1_ Die Perlgraupen in kochendem Salzwasser bissfest garen und in ein Sieb abgießen. Die Zwiebel, die Petersilienwurzel und die Karotte schälen bzw. putzen. Den Porree und den Staudensellerie putzen. Die Zwiebel halbieren und in feine Würfel schneiden. Die Karotte, den Porree und den Staudensellerie ebenfalls fein würfeln. Die Pilze putzen und je nach Größe halbieren oder vierteln.

2_ Das Olivenöl in einem großen Topf erhitzen und die Zwiebel darin glasig andünsten. Die Pilze zugeben und kräftig anbraten. Die Gemüsewürfel zugeben, kurz andünsten und mit der Gemüsebrühe ablöschen. Die gekochten Graupen untermengen. Aufkochen und etwa 10 Minuten bei mittlerer Hitzezufuhr köcheln lassen. Dabei regelmäßig umrühren. Die kalte Butter flöckchenweise unterrühren, sodass eine cremige Konsistenz entsteht. Ist das Risotto zu klebrig, noch etwas warme Gemüsebrühe einrühren.

3_ Den Schnittlauch in feine Röllchen schneiden. Die Schnittlauchröllchen mit dem geriebenen Parmesan zugeben und alles kräftig miteinander vermengen. Mit dem Zitronensaft, etwas Pfeffer und eventuell mit 1 Prise Salz abschmecken.

SCHOKOLADEN-PREISELBEER-GUGELHUPF MIT KARAMELLISIERTEN NÜSSEN

FÜR 4 PERSONEN

350 g dunkle Kuvertüre
250 g weiche Butter
zzgl. etwas zum Einfetten
300 g Zucker
1 Vanilleschote
4 Eier (Größe M)
1 Päckchen Backpulver
250 g Mehl zzgl. etwas für die Form
100 g fein gemahlene Mandeln
150 ml Milch
4 EL eingelegte Preiselbeeren
20 g Walnusskerne
20 g Mandeln
280 g Puderzucker
2 EL Sahne
1 Eiweiß (Größe M)
6 Belegkirschen, fein gehackt
Minzeblätter zum Garnieren

ZUBEREITUNGSZEIT

ca. 90 Minuten

AUSKÜHLZEIT

40 Minuten

1_ Den Backofen auf 180 °C vorheizen. Die Kuvertüre fein hacken und 100 g in einer Schüssel über einem Wasserbad langsam schmelzen. Etwas abkühlen lassen. In der Zwischenzeit die Butter mit dem Zucker in einer Schüssel geben. Die Vanilleschote der Länge nach aufschneiden und das Vanillemark mit der Messerspitze herauskratzen. Das Vanillemark ebenfalls in die Schüssel geben. Alles mit den Schneebesen des Handrührgeräts weißschaumig aufschlagen.

2_ Nach und nach die Eier unterrühren. Die geschmolzene Kuvertüre untermengen. Backpulver, Mehl und Mandeln in einer Schüssel miteinander vermischen und abwechselnd mit der Milch unter den Teig heben. Die Preiselbeeren unter den Teig rühren.

3_ Eine Gugelhupfform mit etwas Butter ausfetten und mit Mehl bestäuben. Den Teig in die Form füllen und im vorgeheizten Backofen etwa 50 Minuten backen. Zur Probe einen Holzspieß tief in den Teig stechen, wenn kein Teig kleben bleibt, ist der Kuchen fertig. Etwa 20 Minuten in der Form abkühlen lassen, dann auf ein Kuchengitter stürzen und vollständig auskühlen lassen.

4_ Die Walnüsse und die Mandeln grob hacken, in eine Pfanne geben und etwas anrösten. 30 g Puderzucker über die Nüsse stäuben und unter Rühren karamellisieren lassen. Die karamellisierten Nüsse auf einem Backpapier verteilen und auskühlen lassen.

5_ Die restliche Kuvertüre mit der Sahne in die Schüssel geben und über dem Wasserbad schmelzen. Den Kuchen mit der Schokoladenglasur überziehen und auskühlen lassen. 250 g Puderzucker mit dem Eiweiß in eine Schüssel geben und mit den Schneebesen des Handrührgeräts dickflüssig aufschlagen.

6_ Die Zuckerglasur über der Schokoglasur verteilen. Die karamellisierten Nüsse und die gehackten Belegkirschen auf der Glasur verteilen. Warten bis die Glasur fest ist und den Kuchen dann mit einigen Minzeblättern garnieren und servieren.

LEBKUCHEN-CUPCAKES MIT PREISELBEERSAHNE

FÜR 4 PERSONEN

100 g Butter (Raumtemperatur)
60 g Puderzucker
1 Prise Salz
2 Eier (Größe M)
200 g dunkle Kuvertüre
150 ml Milch
100 g Weizenmehl (Type 550)
1 EL Lebkuchengewürz
2 TL Backpulver
100 g fein gemahlene Mandeln
120 g Sahne
2 EL eingelegte Preiselbeeren
Puderzucker zum Garnieren
Minzeblätter zum Garnieren

ZUBEREITUNGSZEIT

ca. 50 Minuten

AUSKÜHLZEIT

ca. 60 Minuten

1_ Die Butter mit dem Puderzucker und dem Salz in eine große Schüssel geben und mit dem Handrührgerät weiß-schaumig aufschlagen. Nach und nach die Eier zugeben und unterschlagen. 100 g Kuvertüre grob hacken und mit der Milch in einen Topf geben. Bei geringer Hitzezufuhr langsam schmelzen. Gelegentlich umrühren. Die geschmolzene Kuvertüre etwas abkühlen lassen und langsam unter die Buttermischung rühren. Die übrige Kuvertüre sehr fein hacken.

2_ Den Backofen auf 180 °C vorheizen. Mehl, Lebkuchengewürz, Backpulver und gemahlene Mandeln miteinander vermengen und mit der gehackten Kuvertüre und der Ei-Milch-Masse zu einem Teig mengen.

3_ Eine 12er-Muffinform mit Muffinpapierförmchen auslegen und den Teig einfüllen. Für 25 Minuten in den Ofen geben. In der Zwischenzeit die Sahne steif aufschlagen, die Preiselbeeren unterziehen und bis zur weiteren Verwendung in den Kühlschrank stellen. Die gebackenen Muffins aus dem Ofen und aus der Backform nehmen und auf einem Kuchengitter auskühlen lassen. Die ausgekühlten Lebkuchenmuffins mit der Preiselbeersahne und den Minzeblättern garnieren. Leicht mit Puderzucker bestäuben.

SCHOKO-BRATAPFEL-TORTE

FÜR 12 PORTIONEN

300 g Weizenmehl (Type 550)
1 TL Backpulver
150 g Zucker
150 g Butter (Raumtemperatur) zzgl. etwas zum Einfetten
2 Eigelb
8 Äpfel (à 150 g, z. B. Boskoop oder Grafensteiner)
100 g Marzipanrohmasse
60 g gehackte Mandeln
50 g Rumrosinen
100 g dunkle Kuvertüre
6 Eier
350 g Schmand
1 Päckchen Vanillezucker
1 Päckchen Schokoladen-Puddingpulver

ZUBEREITUNGSZEIT

ca. 100 Minuten

1_ Das Mehl mit dem Backpulver und dem Zucker in eine Schüssel geben und gut miteinander vermischen. Die Butter und das Eigelb zugeben und zu einem streuseligen Teig verarbeiten.

2_ Den Backofen auf 170 °C vorheizen. Eine runde Backform (ø 26 cm) mit Backpapier auslegen und die Ränder mit etwas Butter einfetten. Zwei Drittel des Teiges in die Form drücken und gleichmäßig verteilen. Das Kerngehäuse der Äpfel ausstechen. Die Marzipanrohmasse mit den gehackten Mandeln und den Rumrosinen verkneten und die Äpfel damit füllen. Die Äpfel auf den Teig setzen. Die dunkle Kuvertüre sehr fein raspeln oder hacken. Die Eier mit dem Schmand, dem Vanillezucker, dem Puddingpulver und der Kuvertüre verrühren. Die Schmandmasse in die Form gießen und mit den restlichen Streuseln bestreuen. In den Ofen geben und etwa 70 Minuten backen. Darauf achten, dass die Füllung der Bratäpfel nicht zu dunkel wird, ggf. mit kleinen Stücken Alufolie abdecken.

WINTERLICHES FRÜCHTEBROT

FÜR 2 BROTE

350 g Weizenmehl (Type 550)
½ EL Zucker
25 g frische Hefe
130 ml lauwarme Milch
100 g getrocknete Aprikosen
100 g getrocknete Feigen
100 g getrocknete Pflaumen
100 g getrocknete Datteln
250 g gehackte Mandeln
100 g Zitronat
1 EL Spekulatius- oder Lebkuchengewürz
Saft und Abrieb von 1 unbehandelten Zitrone
50 g Honig
60 ml Birnenbrand
Mark von 1 Vanilleschote
100 g weiche Butter
2 Eier (Größe M)
Salz

ZUBEREITUNGSZEIT

ca. 120 Minuten

1_ Das Mehl in eine Schüssel sieben und eine Mulde hineindrücken. Den Zucker und die Hefe in 3 EL Milch auflösen, in die Mulde geben und mit etwas Mehl vermengen. Den Vorteig an einem warmen Ort zugedeckt etwa 20 Minuten gehen lassen.

2_ In der Zwischenzeit das Trockenobst fein hacken, mit den gehackten Mandeln und dem Zitronat in eine Schüssel geben und vermischen. Das Spekulatiusgewürz, den Zitronenabrieb, den Zitronensaft, den Honig sowie den Birnenbrand miteinander verrühren und die Trockenfrüchte damit marinieren.

3_ Den Vorteig mit der restlichen Milch, dem Vanillemark, der Butter, den Eiern und einer Prise Salz zu einem glatten Teig verkneten. Den Teig nochmals auf das Doppelte seines Volumens gehen lassen.

4_ Die Früchtemasse unter den Teig arbeiten und nochmals kräftig durchkneten. Aus dem Teig zwei Brotlaibe formen und auf einem mit Backpapier ausgelegten Backblech nochmals 20 Minuten gehen lassen.

5_ Den Ofen auf 180 °C vorheizen. Die Brote mit Wasser bestreichen und auf der unteren Schiene des vorgeheizten Ofens etwa 50 Minuten backen. Auf einem Gitter auskühlen lassen. Am besten schmeckt das Früchtebrot, wenn es etwa 1 Woche ruht und trocknet.

VANILLEKRAPFEN MIT ZIMT UND ZUCKER

FÜR 4 PERSONEN

250 g Weizenmehl (Type 550)
½ Päckchen Trockenhefe
100 ml fettarme Milch (1,5 % Fett)
Mark von 1 Vanilleschote
60 g Zucker
1 Ei (Größe M)
Abrieb von ½ unbehandelten Zitrone
1 Prise Salz
2 l hochwertiges Öl
3 EL Zimt-Zucker-Mischung

ZUBEREITUNGSZEIT

ca. 45 Minuten

GEHZEIT

2 ½ Stunden

1_ Das Mehl und die Trockenhefe in eine Schüssel geben und gut miteinander vermischen. Die Milch mit dem Vanillemark in einen Topf geben und lauwarm erwärmen. Den Zucker zugeben und unter Rühren auflösen.

2_ Die abgekühlte Zucker-Milch-Mischung mit dem Ei, dem Zitronenabrieb und 1 Prise Salz in die Schüssel geben und alles miteinander zu einem glatten Teig verkneten. Die Schüssel mit einem Küchentuch abdecken und den Teig an einem warmen Ort etwa 2 Stunden gehen lassen.

3_ Den aufgegangenen Teig nochmals durchkneten und daraus ca. zehn gleich große Kugeln formen. Die Kugeln auf ein Blech legen und nochmals zugedeckt 20 Minuten gehen lassen. Das Öl in einer Fritteuse oder einem hohen Topf auf 160 °C erhitzen. Die Krapfen vorsichtig etwas flach drücken und im Öl rundherum goldbraun ausbacken. Die Krapfen auf einem Küchenpapier abtropfen lassen und dann in der Zimt-Zucker-Mischung wenden.

POPCORN MIT SCHOKOLINSEN AM STIEL

FÜR 4 PERSONEN

2 EL Butter
50 g Popcornmais
8 Marshmallows
80 g Mini-Schokolinsen
150 g dunkle Kuvertüre
8 Eisstiele aus Holz

ZUBEREITUNGSZEIT

ca. 30 Minuten

1_ Die Hälfte der Butter und den Popcornmais in einen schweren Topf geben. Auf dem Herd bei mittlerer Hitze unter ständigem Rütteln erhitzen, bis alle Maiskörner aufgepoppt sind. Das Popcorn in eine große Schüssel geben.

2_ Die Butter mit den Marshmallows in einer Pfanne bei niedriger Hitzezufuhr schmelzen. Die geschmolzene Masse etwas abkühlen lassen, über das Popcorn geben und gut vermengen. Die Schokolinsen zugeben, erneut vermengen. Acht gleich große Bällchen um die Eisstiele formen und festdrücken.

3_ Die Kuvertüre fein hacken und in eine Metallschüssel geben. Die Kuvertüre über einem Wasserbad mit leicht köchelndem Wasser schmelzen. Die Popcornbällchen 2 cm tief in die geschmolzene Kuvertüre tauchen und gut abtropfen lassen. Auf ein Backpapier setzen und abkühlen lassen.

ENJOY

REGISTER

Himbeere 10

IMPRESSUM

Emil-Hoffmann-Straße 1
D-50996 Köln

Rezepte und Foodstyling:
Guido Gravelius

Fotografie:
Kay Johannsen, Ohmden

Konzeption, Redaktion und Lektorat:
Ilka Grunenberg

Umschlaggestaltung, Layout und Satz:
Jefferson & Högerle, Köln

Gesamtherstellung:
Fackelträger Verlag GmbH, Köln

ISBN 978-3-7716-4614-1
Printed in EU
www.fackeltraeger-verlag.de